教職課程コアカリキュラムに対応した
教育心理学

守　一雄

松本大学出版会

はじめに

0.1　教育心理学を学ぶことの目標

　学校の教員になるために、なぜ私たちは教育心理学（educational psychology）を学ぶ必要があるのでしょうか。教育は人類の長い歴史の中で、学校のような組織的な教育機関が作られる以前から、誰もが自然に行なってきた営みの一つです。親ならば誰でも、自分の子どもに何らかの教育を行ないますし、家族の中でも年長者が幼い子どもにいろいろなことを教えることで社会生活へのスムーズな適応をしてきました。さらに、家族関係がない場合でも、知識や技能に優れた者が、そうでない者を指導し、あるいは、互いに教えあうことでより良い社会を作ることを行なってきました。

　学校などの教育機関が徐々に整備されるようになると、教育をどう行なうべきかについての学問である教育学も生まれてきました。さらには、近代になって物理学や化学など科学的な学問が飛躍的に発展するようになると、教育についても科学的に研究がなされるようになりました。なかでも、20世紀の初めに心理学の一領域として誕生した教育心理学という学問は、教育に関わる多くの現象について、科学的な研究を行ない、その研究成果を蓄積してきました。

　先人たちの見出した叡智を学ぶことは、人類の大きな特長です。学校の教員になって、教育に携わろうとする人が、そうした学問の叡智を学ぶことは当然のことなのです。教育心理学の誕生から約100年の間に、多くの研究成果が積み重ねられてきました。そうした研究成果には、「幼児、児童及び生徒の心身の発達及び学習の過程について」の基礎的な知識があり、「各発達段階における心理的特性を踏

I

まえた学習活動を支える指導の基礎」となるような理論があります。教育心理学を学ぶことで、こうした知識や理論を知ってもらいたいと思います。

0.2 教職課程コアカリキュラム

　文部科学省は、平成13年（2001）の「国立の教員養成系大学・学部の在り方に関する懇談会」の報告に基づいて、教職課程におけるコアカリキュラムの策定の必要性を検討してきました。コアカリキュラム（Core Curriculum）というのは、教育課程（curriculum）の中核（core）部分のことを言います。これは、教職課程、つまり教員免許を取得するための教育課程が、各大学で比較的自由に作成されている現状を踏まえ、そうした自由度を残しながらも、最低限の核となる学習項目を統一的に決めておこうということです。

　平成27年（2015）の中央教育審議会（Central Education Council）において、答申が出され、それに基づいて「教職課程コアカリキュラムの在り方に関する検討会」が開催され、具体的な検討がなされることになりました。その後、2年以上にわたる専門家による検討の結果、平成29年（2017）11月17日に教職課程コアカリキュラムが策定され、公開されました。

　この本は、教職課程コアカリキュラムの内容を含む、教育心理学の授業の標準的教科書として執筆しました。具体的には、従来からの教育心理学の授業が取り扱っていた「幼児、児童及び生徒の心身の発達及び学習の過程について、基礎的な知識を身につけ、各発達段階における心理的特性を踏まえた学習活動を支える指導の基礎となる考え方を理解する」という目標のうち、特に学習に関わる部分を取り扱うものです。上記の目標のうち、発達に関わる部分については、発達心理学という別

の授業で取り扱うことが適切であると考え、この教科書では第2章で
「発達と学習との関わり」を説明する以外は、詳しく論じることはして
いません。

0.3 本書の構成とコアカリキュラムとの対応

　この本は、この「はじめに」を除くと全10章（＋付章3）で構成さ
れています。これは、通常の半期の授業15回ならば、毎週の講義で1
章ずつ取り扱うことができます。ディベートなどの実習を伴う授業では、
1回の講義で2章分を取り扱い、その学習を深めるための実習や演習を
隔週で行なうのにも適していると思います。

　文部科学省が公開した教職課程コアカリキュラムのうち、教育心理学
の授業で取り扱うべき「幼児、児童及び生徒の学習に関する基礎的知識
を身に付け、発達を踏まえた学習支援について基礎的な考え方を理解す
る」という目標に含まれるものは、次の3つの項目です。それぞれを
EP（Educational Psychology：教育心理学）をつけて示します。

教育心理学の授業で取り扱うべきコアカリキュラム項目

（EP1）様々な学習の形態や概念及びその課程を説明する代表的理
　　　　論の基礎

（EP2）主体的学習を支える動機づけ・集団づくり・学習評価のあ
　　　　り方およびその発達の特徴と関連づけ

（EP3）幼児、児童及び生徒の心身の発達を踏まえ、主体的な学習
　　　　活動を支える指導の基礎となる理論

　コアカリキュラムで取り扱うべき項目とされた上の事項とこの本の各
章との対応は以下に示すとおりです。

第1章　教育の科学的研究：教育心理学の定義（EP1）

第2章　発達と教育　　　　　　　　　（EP1）（EP2）

第3章　動物の学習・人の学習・機械の学習　（EP1）

第4章　言語・記憶・思考　　　　　　　（EP1）

第 5 章	知能と教育	（EP1）（EP2）
第 6 章	自己効力感と教育	（EP1）（EP2）（EP3）
第 7 章	動機づけの心理学	（EP1）（EP3）
第 8 章	教育における評価	（EP2）（EP3）
第 9 章	社会性と道徳	（EP1）（EP2）
第 10 章	教育心理学の使命と課題	
付章 1	大学でのレポートの書き方	
付章 2	意見文を書くための「三論点意見文章法」	
付章 3	教育心理学のための統計用語	（EP2）

0.4 本書の執筆方針

　この本では、上に述べた 10 章で教育心理学の概要を解説するものですが、これだけですべてを網羅できるわけではありません。しかし、多くの項目を詰め込もうとすれば、分量が増えて大著になるか、それぞれの項目について浅く紹介するかにならざるをえません。アメリカの大学では前者の方針がとられますが、日本では後者の方針で書かれた教科書がほとんどです。後者の方針で書かれた教科書では、いろいろな研究例や事象が列挙されていて、多彩な内容に触れることができますが、全体像が掴みにくいという難点があります。かといって、多くの研究を紹介しながら、全体像も示そうとすると、アメリカでの教科書のように大部にならざるをえません。

　そこで本書では、第三の方針をとることにします。それは、学ぶ主体と教える側とを対比しながら、それぞれの章ごとにいくつかの限られたトピックについて説明をするというものです。しかし、それでは紹介できる事象が限られてしまいます。そこで、個々の研究例や事象については、読者がインターネットなどを活用して自習してもらうことにします。そうはいっても、どんなことを自習

はじめに

するのかまでを読者が自ら探し出すのは難しいかもしれません。そこで、重要な事柄を章末にリストアップします。そこで、読者の皆さんは、この本で述べられた対立軸の中で、それぞれの事柄がどんな位置付けになるのかを考えながら、インターネットなどで調べてください。

　教育心理学の研究成果の一つに、主体的な学び（proactive learning）の有用性があります。講義を聞いたり、教科書を読んだりして、受動的に学ぶのではなく、自らが能動的に学ぶ方が楽しく、理解も深まるのです。そうした研究成果を知りながら、すべてを解説してしまったのでは、何のための学問なのかわかりません。ぜひ、主体的に学ぶことの効果とおもしろさを味わってください。では、教育心理学の楽しい学びにご案内しましょう。

『教職課程コアカリキュラムに対応した 教育心理学』

目　次

はじめに ……………………………………………………………… 1

第 1 章　教育の科学的研究（EP1）……………………………… 13
　1.1　教育心理学の定義／14
　1.2　宗教・哲学・科学／14
　　　　宗　教
　　　　哲学と科学
　1.3　科学として出発した心理学／17
　　　　心を実験で研究する
　　　　心の代わりに行動を研究する
　1.4　科学としての心理学から生まれた教育心理学／20
　1.5　教育心理学への期待と失望、そして再評価／21
　　コラム この章で取り扱えなかった「教育心理学」の重要項目／23

第 2 章　発達と教育（EP1）（EP2）……………………………… 25
　2.1　遺伝か環境か／26
　2.2　発達における成熟と学習／27
　2.3　教育における成熟と学習／28
　2.4　結論の出せない問題／31
　2.5　行動遺伝学の研究成果：すべての特質に遺伝の影響がある／31
　2.6　遺伝も環境も：そして教育の意味／33
　　コラム この章で取り扱えなかった「発達と教育」の重要項目／34

第 3 章　動物の学習・人間の学習・機械の学習（EP1）………… 37
　3.1　動物の学習：本能に対立するものとしての学習／38
　　　　パブロフの条件づけ
　　　　スキナーのオペラント条件づけ

条件づけ理論の限界と有効な活用領域
- 3.2 人間の学習：言葉を使うというヒトの特徴と学習／42
  - ブルーナーの発見学習
  - オーズベルの有意味受容学習
- 3.3 機械の学習：コンピュータの発展とその学習原理／45
  - エキスパートシステム：ルールを教え込む学習
  - ディープラーニング：機械が自ら学ぶ学習
  - 人間の学習と機械の学習の類似
- コラム この章で取り扱えなかった「学習」の重要項目／50

第4章 言語・記憶・思考（EP1）……………………………………… 51
- 4.1 認知心理学の誕生／52
- 4.2 言語はいかに学習されるか／53
  - 言語研究から得られる教育への示唆
- 4.3 記憶の性質と機能／55
  - エビングハウスの忘却曲線
  - 記憶の貯蔵庫モデル
  - 記憶の意味ネットワークモデル
  - 短期記憶から作業記憶へ
  - 潜在記憶とメタ記憶
  - エピソード記憶と自己同一性
  - 記憶研究から得られる教育への示唆
- 4.4 思考とは何か／61
  - 実践の知による思考のための手法
  - 考えるとは計算することである
  - カーネマンのシステム1とシステム2
  - 考えさせるためには書かせる
- コラム この章で取り扱えなかった「言語・記憶・思考」の重要項目／67

第 5 章　知能と教育（EP1）（EP2）……………………………………… 71
　　5.1　知能テストの開発／72
　　5.2　頭の良さは一元的か多元的か／75
　　5.3　知能は一生変わらないのか／76
　　5.4　生まれか育ちか：再び／77
　　コラム この章で取り扱えなかった「知能と教育」の重要項目／79

第 6 章　自己効力感と教育（EP1）（EP2）（EP3）……………………… 81
　　6.1　主体的な学びとは：自己調整学習／82
　　6.2　良い成績と悪い成績の原因帰属／83
　　6.3　自己調整学習を引き出す隠れた力：自己効力感／85
　　6.4　自己効力感を高めるために教師ができること／87
　　6.5　成功経験、自己効力感、自己調整学習、成績向上の望ましいサイクルの実現／88
　　コラム この章で取り扱えなかった「自己効力感」の重要項目／91

第 7 章　動機づけの心理学（EP1）（EP3）……………………………… 93
　　7.1　動因と誘因、そして第 3 の要因／94
　　7.2　欲求の階層構造／95
　　7.3　内発的な動機／97
　　7.4　知的好奇心／99
　　7.5　学習者の主体性か、教員側の働きかけか／100
　　コラム この章で取り扱えなかった「動機づけ」の重要項目／102

第 8 章　教育における評価（EP2）（EP3）……………………………… 103
　　8.1　測定・評価：教育評価の歴史／104
　　　　　教育測定
　　　　　教育評価
　　8.2　ブルームの教育目標のタキソノミーと絶対評価／105
　　　　　タキソノミー

　　　　絶対評価と完全習得学習
　　　　教育目標の分類の難しさ
　8.3　妥協の産物としての相対評価とその完成形：偏差値／107
　　　　相対評価
　　　　偏差値
　　　　5段階評価
　　　　妥協の産物としての相対評価
　8.4　妥協の産物としての種々の絶対評価：ルーブリック評価／111
　　　　診断的評価・形成的評価・総括的評価
　　　　ルーブリック評価
　8.5　絶対評価のモデル：「学力ストップウォッチ」とTOEFL／112
　　　　TOEFL
　　　　項目反応理論
　　[コラム]この章で取り扱えなかった「教育評価」の重要項目／114

第9章　社会性と道徳（EP1）（EP2）……………………………………117
　9.1　科学的視点の欠けた道徳教育と道徳の教科化／118
　9.2　道徳への科学的アプローチ：ドーキンスの利己的遺伝子理論／118
　9.3　道徳への科学的アプローチ：進化心理学の誕生／120
　9.4　道徳への科学的アプローチ：進化倫理学、実験倫理学など／122
　9.5　道徳への科学的アプローチ：ゲーム理論／123
　9.6　ゲーム理論を用いた道徳教育：情けは人のためならず／125
　　[コラム]この章で取り扱えなかった「社会性」や「道徳」の重要項目／127

第 10 章 教育心理学の使命と課題 ……………………………………………… 129

10.1 「漢方薬」と「西洋医学」：教育政策・教育行政の 2 つの立場／130

10.2 証拠に基づく教育：科学的な研究成果を取り入れた教育／132

10.3 行動遺伝学：遺伝の影響をどう考えるか／135

10.4 認知科学：人間の学習を誰が研究しているか／136

10.5 学力ストップウォッチの開発／137

10.6 主体的学びと学校教育／139

付章 1　大学でのレポートの書き方 ……………………………………………… 143

レポートの書き方①「事実・意見・感想」／144

1. 客観的事実と主観的見解の区別をすること

2. 意見（主張）と感想の違いを知ること

3. この授業のレポートでは意見を述べること

4. 他人の意見と自分の意見の区別

レポートの書き方②「パラグラフ・ライティング」／147

1. パラグラフ（段落）とは……

2. キーセンテンスは文頭に……

3. 文章の構造

4. パラグラフ・ライティングによるレポートの書き方

5. パソコンによる文章作成

6. 三論点意見文章法による実習

付章 2　意見文を書くための「三論点意見文章法」……………………… 151

テンプレートを使った実習：「三論点意見文章法」／152

　　　　課題の目的／実習課題／練習課題／モデル文章／練習課題用記入用紙

付章3　教育心理学のための統計用語（EP2）……………………157
　1. 誤差・正規分布／158
　2. 平均・標準偏差・偏差値／159
　3. 相関・回帰／160
　4. 統計的検定・信頼区間・有意水準／161
　5. 標本抽出・ランダム化／163
　6. 第1種の誤り・第2種の誤り／164
引用文献……………………………………………………………166
あとがき……………………………………………………………168
索　引………………………………………………………………171

イラスト：森まりも

第 1 章

教育の科学的研究（EP1）

教育心理学の父ソーンダイク
E. Thorndike［1874-1949］

　この章では、**教育心理学の授業で取り扱うべきコアカリキュラム項目**のうち、「(EP1) 様々な学習の形態や概念及びその過程を説明する代表的理論の基礎」について学びます。ここでは、学問の始まりから科学の誕生、そして現代における種々の学問の科学化について紹介します。

1.1　教育心理学の定義

　アメリカの教育研究者の学術組織であるアメリカ教育研究学会（American Educational Research Association：AERA）では、教育研究（education research）を「教育と学習過程などについての**科学的な研究分野**（*the scientific field of study* that examines education and learning processes）」と定義しています。また、英語版の Wikipedia では教育心理学（educational psychology）を「心理学の一分野で人間の学習についての**科学的研究**をする分野（the branch of psychology concerned with *the scientific study* of human learning）」としています。両者に共通している特徴は、科学的研究という部分です。念のため付け加えると、日本ではウィキペディアを学問的な用途に使うことは推奨されません。しかし、英語版の Wikipedia は科学的心理学会（Association for Psychological Science：APS）が正しい記述となるよう会員に呼びかけをするなど、信用の置けるものとなっています（章末のコラムも参照してください。心理学の用語の勉強には英語版の Wikipedia を活用することを推奨します。同時に、日本の心理学関係の学会にも APS と同様の方針を打ち出してもらいたいと思います）。この章では、学問の歴史を辿りながら、教育心理学がなぜ教育の科学的研究という性格を持つに至ったかについて紹介します。

1.2　宗教・哲学・科学

宗　教

　大きな災害や事件が起こったとき、テレビなどでは有識者のコメントや解説が伝えられます。私たちは、世の中のいろいろな出来事に対し、どうしてそんなことが起こるのか、あるいは起こったのかについて知りたいと思うからです。そんなときに登場する有識者や学識経験者は、多くの場合大学の教員で、そうした現象について研究をしている人です。地震が起これば地震学者、飛行機事故が起これば航空機の専門家、イン

第1章　教育の科学的研究（EP1）

フルエンザが流行(はや)れば感染症に詳しい医学者のコメントが求められます。

　では、大昔、まだ大学などの研究機関がなかった時代には、当時の人々は災害や事件について、誰にコメントを求めたのでしょう。もちろん、大昔にはテレビもありませんから、テレビに有識者が呼ばれることもなかったでしょうが、人々が疑問をもったであろうことは想像がつきます。

　考えてみれば、自然災害や事件以外にも、私たちの身の周りには不思議なことがたくさんあります。誰もが経験する不思議なことの一つが、「なぜ人は死ぬのか」という疑問でしょうし、「人は死んだらどうなるのだろう」という疑問だったことは間違いありません。

　そうした疑問に答えてくれるような、物知りは昔にもいたでしょう。多くの場合は、人生経験の豊富な老人がそうした物知りとして人々の疑問に答えていたのかもしれません。そうした物知りの中には、誰も知らないようなことに上手な説明をするような人がいて、多くの信奉者ができるようになっていったことでしょう。そうした物知りの教えが、おそらく宗教の始まりだったのだろうと思います。

　仏教が最先端の学問だった時代に、その仏教を学ぶために隋の国や唐の国にでかけた人々がいたことを、私たちは日本史の時間に遣隋使や遣唐使として学びました。今で言えば、アメリカやヨーロッパの大学に留学するようなものです。宗教とは教えであり、そうした教えを人々は学んでいたのです。

　ヨーロッパで有力だった宗教はもちろんキリスト教でしたが、やがてヨーロッパでは宗教の教えに反するような別の知識をもった人々が登場してきました。これも世界史の時間に習ったガリレオの宗教裁判がそうしたエピソードを示しています。星がどんなふうに動くのかは当時の人々にとって不

15

思議なことでしたが、それに対する答をキリスト教はいわゆる天動説で説明していました。星の動きを知ることは単なる好奇心だけでなく、1年という周期を正しく測定したり、季節の変化を知ったりする（そしてそれを農業などの仕事に活用する）という生活上の必要事項でもありました。天動説ではこうした現象をうまく説明づけることができませんでしたので、復活祭（イースター）の日程が毎年大きく変動するなど苦し紛れのものでした。

哲学と科学

　キリスト教会と異なる説（地動説）を唱えたガリレオ（Galileo Galilei［1564-1642］）は宗教に反する行為を咎められて裁判にかけられました。ガリレオは当時の最先端の学問だったはずのキリスト教とは違う説にどうたどり着いたのでしょうか。一体ガリレオは何を学んでいたのでしょうか。

　当時、宗教に変わるものとして新たに登場した知は、「哲学」と呼ばれていました。哲学の原語は philosophy であり、原語どおりに訳すと「知を愛すること」を意味します。今の言葉で言えば、知的好奇心に相当するでしょう。身の周りのいろいろな出来事について、いろいろ知りたいと考える「知りたがり」が当時の哲学者だったわけです。ちなみに、今は物理学者（そして数学者）として知られるニュートン（Sir Isaac Newton［1643-1727］）も当時は哲学者でした。ニュートン力学の古典とされる『プリンキピア』という本の正式なタイトルは『自然哲学の数学的原理』というものでした。

　哲学はまさに学問の始まりでした。その後、哲学はその研究対象ごとに異なる研究方法が使われるようになり、それぞれが別の学問として独立していきました。そうした意味で、上で書いた「ニュートンが物理学者でも数学者でもあった」というのは正しくなく、当時はまだ物理学や数学に学問が分かれる前の状態だったと考えるべきでしょう。

　宗教、哲学の次に登場してきたのが科学です。科学は哲学から生まれた、現代における最も重要な知の体系です。科学の特徴はいろいろあり

第 1 章　教育の科学的研究（EP1）

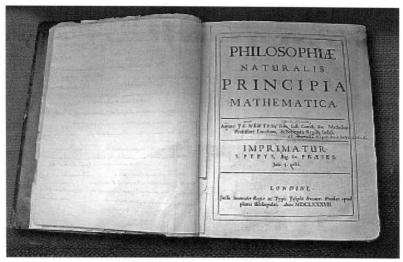

ニュートン『自然哲学の数学的原理』の扉ページ

ますが、ここでは「仮説を立て、実験でそれを検証する」という研究方法を用いる学問と考えることにします。実は、心理学が科学として哲学から独立したのは、19世紀の末になってからでした。「人の心とは一体何なのか」という疑問は、人類が誕生した原始時代からあったに違いありませんが、心について科学的に研究することが始まったのは、ヴント（Wilhelm Maximilian Wundt［1832-1920］）というドイツの学者がライプチヒ大学に心理学実験室をつくった1878年であるというのが定説となっています。つまり、科学的心理学の始まりは心理学実験室の開設の時とされるわけです。

1.3　科学として出発した心理学

心を実験で研究する

　研究方法の中核に実験を置くことで、科学として出発した心理学でしたが、その研究対象である心は目に見えず、自分自身が感じたり考えた

りすることでしか調べることができないものでした。しかも、そうした感じたり考えたりという行為自体も、客観的な行為ではありません。別の言葉で言い換えると、自分の心について知ることができるのは、その本人だけで、他人にはその存在を知る方法がまったくないのです。

　科学の研究対象になっているものの中にも、目に見えないものはたくさんあります。つい最近まで、ウィルスのような小さいものは見ることができませんでした。電子顕微鏡の発明によって、ウィルスも見えるようになりましたが、さらに小さいものは見ることができません。現在知られている一番小さいものは素粒子ですが、その存在はいろいろな方法で知ることができます。エネルギーや重力のように、そもそも見ることが不可能なものも科学の研究対象になっています。それは、見えなくても何らかの方法で観察したり、測定したりできるからです。

　これに対し、最先端のいかなる方法を使っても、まだ心を客観的に観察したり、測定したりすることはできません。心理学が科学としてスタートした19世紀末には、コンピュータも電子顕微鏡もなかったのですから、心を客観的に観察することができたはずがありません。では、客観的にその存在を確認できないような心を、どうやって科学的に研究したらいいでしょうか。これは大問題でした。しかし、誰も心があることを疑ったりしませんでしたから、その大問題は気づかれないままに、心理学という学問がスタートしたのでした。

心の代わりに行動を研究する

　この大問題を解決したのは、アメリカのワトソン（John Broadus Watson［1878-1958]）という心理学者でした。ワトソンは、なんと心を研究するのをやめて、代わりに行動を研究すればいいのだと考えたのでした。確かに、他人の心は見えませんが、他人の行動ははっきりとわかります。よく考えてみると、私たちが他人にも心があると感じるのは、他人のいろいろな行動を観察することによってです。他人が自分に対して悪意をもっていることがわかるのは、それがいじわるや暴力という行動に現われるからです。どんなに強い悪意を持っていても、それだけで

第1章　教育の科学的研究（EP1）

何も行動しないのだったら、人はその悪意を感じ取ることはできません。

ワトソンが唱えた「心の代わりに行動を研究対象とする」という方針は、「行動主義（behaviorism）」と呼ばれ、実験室創設によって科学としてスタートした心理学が、真の科学となることに大いに貢献しました。行動主義の心理学は、アメリカで急速に広がり、アメリカ中の大学で心理学が研究され、教えられるようになる大きな原動力となりました。

研究対象を心から行動に切り替えることは、心理学の実験に使う対象にも大きな変化をもたらしました。

行動主義の祖ワトソン
J. B. Watson［1878-1958］

行動を研究するのだったら、人間でなくても、イヌやネコ、ネズミ、ハトでも研究対象にできたからです。研究対象として動物が使えることは、科学としての心理学にいくつもの利点をもたらしました。なかでも重要な3つのことは、①研究対象の単純化、②侵襲的実験の可能性、③遺伝的要因の統制、が可能となったことです。

第一の利点は、複雑な現象について研究するときに、それをできるだけ単純化して、少しずつ研究を進めるのは常套手段です。そうした意味でも、複雑な人間の心を研究する代わりに、観察が容易な行動に切り替えるだけでなく、おそらくヒトよりも単純な心を持っているであろう動物の行動を詳しく調べ、そこから人間の行動を探るためのヒントを得るというやり方は理にかなったものでした。

第二は倫理に関わる問題です。ヒトや動物がいろいろな行動をするのを調べる際に、過酷な条件を課したり、侵襲的（大脳に電極を挿し入れるなどの危害を加えるような）方法をとったりする必要があります。たとえば、母親から隔離して育てることの影響を実験的に調べるようなこ

とです。こうした実験をヒトで実施することは倫理的に許されません。もちろん、動物に対してもむやみに行なうべきことではありませんが、研究のためにどうしても必要である場合にかぎって認められてきました。

　最後の三点目は、遺伝要因を考慮できることです。後の章でも詳しく紹介しますが、人間も動物もその能力や資質には遺伝が影響しています。例えば、子どもに同じ教材で学習させても、早くできてしまう子と時間がかかる子がいます。ネズミに迷路の学習をさせた場合にも、賢い親から生まれたネズミの方が早く学習することが知られています。そのため、教育において遺伝の影響を調べることは重要です。しかし、ヒトの場合には研究のために遺伝の要因を人為的に変化させることはできません。でも、動物ならそれが可能です。実際に心理学においては、賢いネズミだけを掛け合わせた系統を作り、遺伝的な要因を揃えた上で、研究をしています。

　心の代わりに行動を研究するというやり方には、他にも利点があります。行動の研究なら、人間の赤ちゃんの研究も可能です。赤ちゃんに何かを尋ねて答えてもらうことはできませんが、赤ちゃんが何を見ているか、どんな音を聞いたときに様子（＝行動）が変化するかなど、行動を調べることで赤ちゃんの好みや知覚能力も明らかにすることができます。

1.4　科学としての心理学から生まれた教育心理学

　教育心理学という学問は、こうした行動主義心理学が盛んになったアメリカで、ソーンダイク（Edward Thorndike［1874-1949］章扉に写真）という行動主義心理学者によって創設されました。ソーンダイクはネコを使って、動物の行動を研究していた心理学者でしたが、檻に入れられたネコが、出入口をうまく見つけて脱出する過程を調べるうちに、ネコの学習は試行錯誤（trial and error）で成り立っていることを見出しました。つまり、ネコは何も考えずに手当たり次第に檻のあちこちを引っ掻くだけで、偶然、出入口のカギが開くことがあり、そうしためちゃくちゃな手当たり次第の行動でも檻から脱出するという新しい行動

第 1 章　教育の科学的研究（EP1）

が学習されることを発見したわけです。

　当時の行動主義心理学者たちは、ネコ以外にも、ネズミやハトなどの動物を使って、学習がどのように成立するかを研究していました（詳しくは第 3 章をご覧ください）。ソーンダイクは、こうした学習の原理をまとめることで、人間の子どもたちが新しいことを学習する際に役立つ原則を見つけ出せたと考えました。そして、それを活用すれば、よりよい教育ができるはずだと考えたのです。ソーンダイクは、科学的な行動主義心理学によって見出された種々の成果のうち、教育に役立つものを集めて 1903 年に『教育心理学』という本を出版しました。この本の出版が、教育心理学という学問の始まりと考えられ、そこでソーンダイクを「教育心理学の父」と呼ぶわけです。

1.5　教育心理学への期待と失望、そして再評価

　行動主義心理学という科学的な心理学の研究成果を人間の教育に活用するという教育心理学は、大きな期待で社会に迎えられ、アメリカの大学全体に急速に広まりました。そして、教員になるための必須の学問となり、大学の教職課程で教えられるようになりました。日本でも、戦後、アメリカの教育政策が取り入れられて、教員免許の取得に必須の科目となりました。

　しかし、ネコやネズミがどのように学習するのかに基づいて作られた理論や教育方法が、人間の子どもにそのまま適用できるでしょうか？実は、そうではないことがすぐに知られるようになりました。日本でも、教職課程で教育心理学を教えている教育心理学者自身が「教育心理学は実際の学校教育には役に立たないのではないか」と考えるようになり、教育心理学者たちの集まりである日本教育心理学会（The Japanese Association of Educational Psychology）でも「教育心理学の不毛性」についてのシンポジウムが繰り返し開かれるようにもなりました。

　大学の教職課程で教育心理学を学んで学校の教員になった人たちからも「教育心理学は現場では役に立たない」という声が上がるようになり

21

ました。そして、ついに1998年に改定された教員免許法では「教育心理学」は必修科目から外されてしまいました。「教育の基礎理論に関する科目」の中の一つとして「幼児、児童及び生徒の心身の発達及び学習の過程」を学ぶ科目ならば、「教育心理学」という名称でなくてもよくなったのです。そうはいっても、子どもたちがどう学習するのかについての基礎的な理論は、ほとんど教育心理学で研究されてきた理論と重なるので、多くの大学の教職課程で「教育心理学」という授業名は残りました。それでも、「発達と学習の理論」という授業名などに代わったところもあります。

皮肉なことに、日本の教職課程から「教育心理学」という授業名がなくなってしまった20世紀末に、アメリカやヨーロッパでは、「証拠に基づく教育（evidence-based education）」が進められるようになりました。そのためには、教育に関わる諸現象について科学的な研究が不可欠です。

改めて考えてみると、教育に関わる諸現象は誰もが経験する身近なことであるために、誰もが自分なりの教育論を持つことになりがちです。

内田昭利・守一雄著『中学生の数学嫌いは本当なのか：証拠に基づく教育のススメ』（北大路書房刊 2018年）

そして、そうした中で、昔の偉人たちの教育論が正しいものとされてきました。さらには、信奉する弟子が多い教育学者が、学会でも重鎮とされてきました。学問の世界だけでなく、バイオリンの鈴木メソッドや、公文式の学習塾、教員サークルのTOSS（教育技術法則化運動）など、民間の組織の中にも、過去の実績に基づいて、信奉者を増やしているものもあります。

しかし、その一方で、子どもたちをどう教えたらいいのかについて、真に科学的に研究し、その研究成果に基づいて教育を行なうという「証拠に基づく教育」

第1章　教育の科学的研究（EP1）

はほとんど行なわれていないのが実情です。証拠に基づく教育のためには、まず科学的な証拠を見つけ出す必要があり、そのためには教育に関わる諸現象を科学的に研究する必要があります。では、そうした科学的研究を誰が行なっているのでしょうか。それは、教育心理学者なのです。人々から期待されながら失望させてしまった過去を持つ教育心理学ですが、教育に関わる諸現象を科学的に研究するための方法や技術を持っているのは教育心理学者だけです。教育心理学は、教育の科学化の実行者となるだけでなく、その推進者として証拠に基づく教育の実現のために再び期待されるようになりました（証拠に基づく教育については、内田・守『中学生の数学嫌いは本当なのか：証拠に基づく教育のススメ』北大路書房刊をご覧ください）。

コラム

この章で取り扱えなかった「教育心理学」の重要項目

　現在は、インターネット上の百科事典 Wikipedia によって、簡単に重要な専門用語について学ぶことができます。Wikipedia は誰でも自由に書き込めるものであるため、記載された内容には不正確なものが含まれている可能性が否定できません。そのことから、日本では大学生が Wikipedia で調べものをすることを推奨しないのが普通です。

　一方、世界中に会員を有する科学的心理学会（Association for Psychological Science）は、「Wikipedia の心理学に関わる項目が正しいものとなるよう」積極的に会員が間違いを修正する Wikipedia Initiative という運動を推進しています。「Wikipedia の記載内容は信頼できないから使うな」とするのではなく、「記載内容が間違っていたら会員が修正して正しいものにして行きましょう」という建設的で教育的な対応をとっているわけです。そこで、心理学用語でも、英語の Wikipedia の記載内容は信頼できます。日本語の Wikipedia に載っている項目だけでなく、英語の Wikipedia で同じ項目の記載を確認してくだ

23

さい。英語の勉強にもなります。

　この章では主に教育心理学の歴史を取り扱いました。その中で登場した**ヴント**（Wihelm Wundt）、**ワトソン**（John B. Watson）、**ソーンダイク**（Edward Thorndike）の他、下記の教育心理学者について、英語版の Wikipedia を読んで理解を深めてください。**ターマン**（Lewis Terman）、**ブルナー**（Jerome Bruner）、**ブルーム**（Benjamin Bloom）、**スキナー**（B. F. Skinner）、**デシ**（Edward Deci）、**バンデューラ**（Albert Bandura）。

　教育心理学の研究方法には、**観察法、実験法、調査法（質問紙調査、面接調査、心理検査）**、および**事例研究法**があります。また、**縦断的研究**と**横断的研究**という分類もなされます。それぞれの特徴について調べてみましょう。

第 2 章

発達と教育（EP1）（EP2）

発達心理学のスーパースター ピアジェ
Jean Piaget ［1896-1980］

　この章では、**教育心理学の授業で取り扱うべきコアカリキュラム項目**のうち、「(EP1) 様々な学習の形態や概念及びその過程を説明する代表的理論の基礎」と「(EP2) 主体的学習を支える動機づけ・集団づくり・学習評価の在り方およびその発達の特徴と関連付け」について学びます。特に、発達と教育の関係の中で対立する2つの考え方を紹介します。それは、「遺伝か環境か」という古くからの対立です。これを教育との関わりで考えると、発達を待って教育するべきか、発達を促すように教育するべきか、というものになります。

2.1 遺伝か環境か

　人が発達するときに重要な要因として、古くから「遺伝か環境か（heredity or environment）」が議論されてきました。遺伝について、科学的な解明がなされたのは、有名なメンデルの法則の発見（および再発見）が始まりですが、その後、1956 年にはワトソンとクリックによって遺伝子の構造までが明らかにされました。遺伝子はデオキシリボ核酸（DNA：deoxyribonucleic acid）という物質からなり、それはたった 4 つの種類が組み合わさっているだけです。しかも、地球上のすべての生物の遺伝子が同じ DNA 構造であることまでわかりました。さらには、特定の生物の塩基の並び方（ゲノム）をすべて読み取ってしまう取り組みが進み、ついにヒトゲノム計画も今世紀の初頭（2003 年）に完了しました。

　しかし、こうした遺伝についての科学的な研究が始まる以前から、人々は「親の持つ性質が何らかの形で子どもに伝わっていること」に気づいていました。顔などの容貌が似るだけでなく、運動能力や知的能力、性格や気性まで、子が親に似ることは昔から知られていることでした。遺伝子が見つかる前は、そうした親子の類似は「血」が関わっていると考えられていたようです。つまり、人が人として成り立つことに遺伝の影響があることを人々は昔から知っていたということです。

　一方で、どんな親から生まれようと、人はどんな育てられかたをするかによってどんな人間になるかが決まるのだとする考えも昔から存在しました。どんなに立派な家系の息子や娘でも、甘やかして育てられたがために、人間として堕落していくといった例がそれこそ何度も繰り返されてきたからです。育てられかたが重要であるという考えは、しつけの重視につながり、教育の重要性に結びつきます。人は善人として生まれるが、環境の影響で悪いことを覚えていくのだという「性善説」も、人は悪人として生まれるが、正しいことを学ぶことで良い行ないができるようになるのだという「性悪説」も、結局のところ「人の成り立ちに環境が重要であること」を述べているわけです。

第 2 章　発達と教育（EP1）（EP2）

　こうした「遺伝か環境か」という論争は、英語では「nature or nurture（自然か栄養か）」と、日本では「氏か育ちか（家系か教育か）」として何百年も議論されてきたことです。では、心理学や発達心理学は、この論争にどんな答を提供してきたのでしょうか。その答を紹介する前に、もう少し、遺伝と教育の関わりについての心理学の歴史的研究成果を見てみることにしましょう。

2.2　発達における成熟と学習

　ヒトや動物が、赤ちゃんから子どもになり、青年期や成人期を経て、やがて老年期になり、最後は死を迎えることは誰にも否定できない事実です。動物では、こうした発達の道筋がすべて生まれながらにプログラムされているかのように見えます。そうした傾向は、進化の系統樹において早くから種として存在するようになったものほど顕著に見えます。例えば、セミは卵からかえると、地中で長い間暮らし、誰が教えるわけでもないのに、夏には地中から這い出し、セミの成虫となって、短い一生を終えます。卵からオタマジャクシの段階を経て、カエルに成長する道筋も、誰が教えるわけでもなく、あらかじめ遺伝的にプログラムされていることです。

　同様の現象はヒトにもあてはまります。「胎教」という言葉があるとはいえ、受精卵が着床し、胎児が子宮内で育っていく過程は、オタマジャクシがカエルになるのと同様、外からの働きかけよりも、胎児自身の「内なるメカニズム」の発現によるものです。さらに、誕生後も「誰に教えられたわけでもないのに」乳首を吸い、泣き声をあげ、眠り、排

泄をします。首が座ってきたり、寝返りをうてるようになったり、はいはいをしたり、立ち上がったりという成長の過程も、外からの働きかけよりも、ヒトとして決められた発達プログラムをなぞっているだけのようです。こうした発達の過程は「成熟（maturation）」と呼ばれます。発達の過程がほとんどの赤ちゃんで共通であることは、成熟が生物として決められたプログラムの発現によることをよく示しています。

　一方、子どもがある程度大きくなって、言葉を話すようになると、成熟だけでは説明できない現象が生じます。最も顕著な現象は、同じように言葉を習得するとしても、日本の赤ちゃんは日本語を覚え、フランスの赤ちゃんはフランス語を覚えるというように、周囲で使われている言葉を覚えるようになるからです。心理学者は、遺伝子にプログラムされた成熟によって「自然に」できるようになることとの対比で、生まれつきでないことを経験によってできるようになることを「学習」と名付け、ヒトの発達に成熟と学習がどう関わっているかを研究し始めました。

　成熟と学習の対比は、結局のところ、広い意味での行動の変化が遺伝によって起こるのか、環境に影響されるのかという対比にすぎません。どちらか一方だけが関わると考える心理学者はいませんので、両方が影響を及ぼすことについては論争も起きません。問題となるのは、環境を操作すること（これはすなわち「教育」ということです）によって、成熟の道筋に影響を与えることができるのかどうかということです。例えば、9か月という長い妊娠期間の妊婦さんの負担を軽減するために、外からの働きかけによって、妊娠期間を8か月に縮めることができるとしたら、皆さんはどうするでしょうか。

2.3　教育における成熟と学習

　赤ちゃんに早くから音楽を聴かせることで、赤ちゃんの音楽的才能の成熟が促進されたり、増強されたりするのでしょうか。外からの働きかけ（つまり教育）によって、成熟が促進できると考える立場からは、早期教育の重要性が主張されてきました。

第 2 章　発達と教育（EP1）（EP2）

　特に、外から環境を操作することによってヒトや動物の行動が制御できると考えていた行動主義心理学では、早期教育によって発達を促すことができるという考えが主流でした。行動主義の始祖とされる J.B. ワトソン（第 1 章に写真）はこうした考えを次のような有名な言葉で宣言しました。

　　「健康な赤ちゃんを私に預けてくれれば、どんな才能や気質を持って生まれてきたとしても、医者、弁護士、芸術家など、どんな職業人にも育て上げてみせよう（一部省略）。」

　これに対し、スイスの発達心理学者ピアジェ（Jean Piaget［1896-1980］章扉に写真）は、乳幼児の発達の過程を丹念に観察し、いろいろ工夫された課題を用いて、子どもたちの認知機能がどのように発達していくかを調べ、成熟を重視する立場をとりました。ピアジェが考案した課題の中で有名なものに、事物が基本的に不変であること（「保存の概念 concept of conservation」）を子どもがいつ認識するようになるかを調べるものがあります。例えば、8 つのおはじきは、並べ方を変えてもその数は変わらないことを大人なら誰でも知っています。しかし、小学校前の年齢段階の子どもでは、図の下のように「間隔を広げて並べる」と数も多くなったと考えてしまうことをピアジェは見出しました。この発達段階の子どもは事物のみかけに騙されやすく、同じ分量のジュースでもグラスの形状によって、見かけが多く見えると増えたかのように感じてしまったりもします。ピアジェは、こうした課題を用いた観察に基づいて、子どもの認知発達にいくつかの段階があることを見出しました（ピアジェは発達心理学のスーパースターですから、どの教科書にもピアジェの認知発達理論が詳しく紹介されています。ここではピアジェが成熟を重視する立場だったことだけを紹介することにして、成熟説と学習説の対立の話に戻ります。ピアジェについては各自がインターネットなどで自習してください）。

　認知発達が子どもたちの内的な過程であると考えたピアジェは当然成熟を重視する立場をとりました。そして、成熟を重視する心理学者からは、「成熟によって学習ができる準備が整うまでは何を教育しても無駄である」という主張がなされ、「学習のためのレディネス」という概念

29

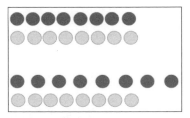

数の保存の課題例
同じ8個のおはじきでも、下の例のように間隔を広げると子どもは「多い」と答えてしまう。

が提示されました。「レディネス（readiness 準備性）」という用語は、1930年代に動物を使った学習の研究から、学習の原理の一つとして提唱されていたものです。

両者の中間的な立場として、「外からの働きかけで、成熟を大きく変えることは無理だとしても、まさに成熟しようとする段階において、成熟を促進するような働きかけが可能である」という主張がなされました。具体的な例で示すとすれば、「まだ歩いてもいない赤ちゃんにサッカーを教えようとしても無駄だが、歩き出してまさに何かを蹴飛ばすことができるようになった子どもになら、サッカーを教えることで足の動きの発達を促進できる」ということです。あるいは、「まだ子ども一人ではできないことも、大人が手助けしてやることで、少し早く一人でもできるようになる」という主張でもあります。ロシアの心理学者レフ・ヴィゴツキー（Lev Vygotsky［1896-1934］）はこうした「ちょっとしたサポートがあればできるようになる」領域を「発達の最近接領域（zone of proximal development）」と名付けました。

ロシアの心理学者レフ・ヴィゴツキー
Lev Vygotsky［1896-1934］

他の動物と同様にほとんどが生得的なプログラムによって発現していた胎児期から新生児期、乳児期を経て、周囲の環境の影響が関わり始める幼児期や小児期、そして青年期となるにしたがって、ヒトの場合は徐々に環境の影響の重要性が増大していくようです。そして、それが成人になるまでの期間が特別に長いヒトという種の特徴であるとも考えられています。それでは、ほとんど身体の成長も終わった青年期以降は、

第 2 章　発達と教育（EP1）（EP2）

環境の影響が最も重要な要因となるのでしょうか。それとも、青年期以降も生まれ持った遺伝的な特質が人々の行動に影響を与え続けるのでしょうか。

2.4　結論の出せない問題

　人間が発達する際に、成熟要因がより重要なのか、環境（教育）要因がより重要なのかは簡単に決着がつく問題ではありません。特に、新生児や乳幼児期など発達の初期における教育の効果や影響を実証的に研究することには多くの難関があります。実証的な研究が困難である何よりも大きな理由は、人の一生に関わるような重大問題を実験的に検証するような研究が倫理的に実行不可能であることです。さらには、仮に可能であるとしても、乳幼児期における教育の効果をいつの時点で判定するべきでしょうか。早期教育によって、小学校での学業成績が上がったとしても、中学校では効果が消失し、大学ではむしろ悪い影響だけが残るというような場合、短期的な効果を見るのか、長期的な効果を見るのかによって、結論が違ってきてしまいます。最終的には、長期的な効果こそが大事だという観点に立つとしても、80 年以上の寿命のうちのどの時点での影響を基準とするべきかは決めようがありません。

2.5　行動遺伝学の研究成果：すべての特質に遺伝の影響がある

　実験的な実証が難しい遺伝と環境の要因についての研究の中で、着実に成果を上げてきているのが、行動遺伝学的なアプローチです。行動遺伝学とは、形質遺伝学と対にされる学問分野で、知能や性格など心理学的な性質についての遺伝を研究する学問分野です（心理学的性質なのに、「行動」という命名がなされているのは、行動主義心理学が全盛の時代に、心理学が「行動科学」と呼ばれるようになったことに端を発しています。最近では、心理学的な実験を活用する経済学が同じように「行動

31

経済学」と呼ばれています）。

　行動遺伝学で使われる研究方法は、一卵性双生児（monozygotic twins）と二卵性双生児（dizygotic twins）の類似度の違いを調べるものです。一卵性双生児は、一つの受精卵が２つに別れてから着床し育ったものですから、まったく同じ遺伝子を共有しています。一方、二卵性双生児は、別々の受精卵がたまたま短い時間差で着床し、どちらも育ったもので、遺伝子的には兄弟姉妹と同様に遺伝子の半分を共有しているだけです。そこで、身長や体重などの身体的特徴や、知能や性格などの心理学的特徴について、一卵性の双子と二卵性の双子がどれくらい似ているかを比較することで、遺伝の影響がわかることになります。

　ここで言う「遺伝の影響」というのは、それぞれの特質が「遺伝によって形作られている」という意味ではありません。行動遺伝学で分析されるのは、個人差です。私たちは身長などの身体的特徴も、知能などの心理的特徴も人それぞれで違っています。そうした違い、つまり「個人差」がなぜ生じるのかを行動遺伝学では２種類の双子の類似度の違いを調べることで解明しようとするのです。

　遺伝の直接的な影響を調べることと、個人差に遺伝がどう影響するかを調べることの違いを具体的な例で説明しましょう。私たちのほとんどはそれぞれの手に５本の指があります。それは、遺伝的に指が５本になるようになっているからです。そうした意味で、「指の数」は遺伝的に直接的に決まっています。しかし、ほとんどの人が５本指であることは「指の数に個人差はほとんどない」ということです。登山家の中には、凍傷で指を失った人がいます。また、仕事で指にケガをしやすい環境もあります。さらには、ある特殊な集団では、儀式的にあえて指を切断することが行なわれています。その結果、指の数の個人差はほとんどが環境のせいで起こっていることになります。つまり、ヒトの手の「指の数」は遺伝的に決まっているが、「指の数の個人差」は環境の要因が大きいということです。

　知能に関しても同じことがいえます。知能そのものが遺伝によって作られるとしても、知能の個人差が遺伝によるものなのか、環境によるも

32

のなのかは別の話なのです。そうはいっても、実は行動遺伝学が明らか
にしてきた研究成果は「人間のほとんどすべての特質の"個人差"に遺
伝の影響がある」というものです。知能の個人差に遺伝の影響が大きい
だけでなく、その他のほとんどすべての性質の個人差にも遺伝が大きな
影響を与えているのです。これは重大な問題です。ある人が自分と他人
の知能差が遺伝に影響されていることを知り、「それではその知能の差
を、努力して縮めよう」と考えたとしても、"努力できる力"にも遺伝
による個人差があって、そこでも差がついてしまうのです。教育心理学
者で、日本における行動遺伝学の第一人者でもある慶應義塾大学の安藤
寿康は最近の著書（2016）の中で、「教育の関わる研究成果のうち、遺
伝的影響についての研究成果ほど揺るぎない事実となっているものはな
い」と書いています。

　にもかかわらず、教育心理学の教科書などに遺伝の影響がほとんど紹
介されてこなかったのはなぜでしょう。それは、教育心理学、あるいは
教育学という学問自体が、「学ぶ主体」と「教える側」との対比のうち
の「教える側」の立場を重視してきたからです。教える側にとって都合
の悪いことは、無視するか、過小に評価するか、になってしまうのはあ
る程度しかたのないことでした。文部科学省が定めた「教育心理学のコ
アカリキュラム」の中にも、遺伝の影響について取り扱うことは明示さ
れていませんので、ここでもこれ以上触れないことにします。読者の皆
さんは、安藤寿康（2012, 2016）などで学びを深めていってください。

2.6　遺伝も環境も：そして教育の意味

　行動遺伝学は、ほとんどの人間の特質に遺伝の影響があることを明ら
かにしただけでなく、環境の影響があることも明らかにしました。結局
のところ、人の一生には遺伝も環境も関わっているということになりま
す。それでも、どちらかの視点で眺めると、遺伝か環境かの重要性に違
いがあるように感じられます。遺伝を中心に考えれば、私たちの一生は
「"環境を上手に活用しながら生きる"」ように作られた遺伝的プログラム

シドニー・シェルダンの小説『ゲームの達人』（邦訳：天満龍行、アカデミー出版 2010 年刊）

（genetic program）」に従っているということになります。一方、環境を重視する視点からは、「そうした"遺伝的プログラムが最も望ましく働く"ように作られた環境プログラム（environmental program）」に従っているわけです。

　遺伝的プログラム重視の視点は、「遺伝子によって一生が決められている」かのように捉えられるため、嫌われることが多いかもしれません。しかし、遺伝的プログラムが最適に働くような環境プログラムという視点も、「そうした環境プログラム、によって一生が決められている」わけです。そうした環境プログラムはいったい誰がつくるのでしょう。

　実は、教育とはそうした環境プログラムに他なりません。教育を施す側の立場からは、そうした最適の環境プログラムを用意してやることが理想的と考えられます。しかし、本当にそうでしょうか。自分の一生が「自分の遺伝子によって決められて」いても、それは結局のところ「遺伝子を含む自分の一生」ということになりますが、「他人がつくった"環境プログラム"によって決められて」しまうのは、「自分の一生が他人によって決められている」ことになります。シドニー・シェルダンのベストセラー小説『ゲームの達人』のように、「本人に気づかれないように上手に"環境プログラム"を用意」すれば、本人は気づかないのですから、それでもいいということになるのでしょうか。

> コラム
> ### この章で取り扱えなかった「発達と教育」の重要項目
> 　この章では主に人間の発達が遺伝と環境との影響を受けていることを取り扱いました。それは、そのどちらを重視するかが教育

第 2 章　発達と教育（EP1）（EP2）

にとって重要な問題となるからです。人間の発達のより詳しい研究は発達心理学という心理学の別の分野で行なわれています。また、発達心理学では発達を「成人になるまで」に限定せずに、老人期を含め、人の「一生すべてが発達」であるという立場（**生涯発達心理学** life-span developmental psychology）が優勢になっています。学校教育との関わりで重要な**乳児期**、**幼児期**、**児童期**、**青年期**の発達段階の特徴について調べ、学校制度と照らし合わせてみましょう。また、性の発達に関する**第二次性徴**、**初潮**、**思春期**、**性同一性**についても調べてください。ピアジェの発達段階（**感覚運動期、前操作期、具体的操作期、形式的操作期**）や**エリクソンの発達課題**、**ハヴィガーストの発達課題**も教育に関わる重要な概念です。

　発達の初期における経験の重要性が**比較行動学**（ethology）の研究や、人間の赤ちゃん研究から得られています。**初期経験**、**インプリンティング**（刻印づけ／刷り込み）、**臨界期**、**愛着**、などの用語や、**ローレンツ**、**ボウルビー**、などの研究者についても調べてみましょう。

第 3 章

動物の学習・人間の学習・機械の学習（EP1）

発見学習の提唱者ブルーナー
Jerome S. Bruner ［1915-2016］

　この章では、**教育心理学の授業で取り扱うべきコアカリキュラム項目**のうち、「(EP1) 様々な学習の形態や概念及びその過程を説明する代表的理論の基礎」について学びます。特に、学習という現象について心理学や関連する研究領域がどう研究してきたかを紹介します。

3.1　動物の学習：本能に対立するものとしての学習

　第1章で簡単に紹介したように、「教育心理学の父」と呼ばれるソーンダイクが研究していたのはネコの学習でした。当時、アメリカで隆盛を極めた行動主義心理学において、最も盛んに研究されたのがネズミや、ハト、ネコなどの動物を使った学習行動でした。

パブロフの条件づけ

　動物の学習の研究の発端となったのは、ロシアの生理学者パブロフ（Ivan Pavlov［1849-1936］）による条件反射（conditioned reflex）の研究でした。今では、誰でもが「パブロフの犬」として知っているあの研究です。パブロフは、実験のためにイヌに餌を与える前に自分が近づいていくだけで、餌が貰えることを期待してイヌが唾液を出すことに気づきました。そこで、厳密に実験状況を設定して、餌を与える前にメトロノームの音を聞かせてみました。そして、その後でメトロノームの音だけを聞かせたところ、イヌは予想どおり、メトロノームの音だけで餌が貰えることがわかり、唾液を出すことが確認できたのです。パブロフは、イヌのこうした行動を「条件づけ（conditioning）」と名付けました。「餌とメトロノームの音が一緒に提示されるという条件（condition）」によって、餌とメトロノームの音とがイヌの頭の中で結びつけられたと考えたわけです。

　しかし、こんなことは犬を飼ったことのある人なら、誰でも知っていることではないでしょうか。パブロフがこのことを研究で明らかにするまで、当時の人々はイヌに食べ物がもらえることを予期する能力があると誰も気づかなかったとは思えません。では、なぜ、この研究が重要な意味を持っているのでしょう。

　パブロフの研究は、第2章で述べた発達における成熟と学習の対比を考えるとその重要性がわかります。人間の赤ちゃんが新しいことをどんどん覚えていくのは、生まれつきの成熟によるのか、それとも経験を通して学んでいくのか、が当時の研究者の議論になっていました。

第3章　動物の学習・人間の学習・機械の学習（EP1）

　成熟によって何かができるようになるのは生まれつきの本能であると考えることができます。たとえば、複雑なパターンを示すクモの網をクモはどうやって「学んだ」のでしょう？　クモは本能によって、何も学ばなくてもあの蜘蛛の網を作ることができるのです。虫だけでなく、ヒト以外の動物は、いろいろな行動を本能によって獲得していきます。イヌが吠えるのは、私たち人間が言葉を覚えるのとはちがって、親や学校の先生から教えてもらうわけではないのです。

　これに対し、私たち人間の行動はほとんどが経験を通してできるようになっていくものです。そこで、ソーンダイクなどの20世紀初頭の心理学者たちは、学習するということを本能に対立する概念として考えることにしました。そして、「学習（learning）」とは（本能のように生まれつきできる行動ではなく）経験を通して新しく獲得する行動である」と定義しました。

　ここで、改めて「パブロフの犬」の実験について考えてみましょう。イヌがメトロノームの音を聞いて唾液を垂らすようになる行動は、本能でしょうか。それとも、学習でしょうか。そう、イヌが生まれつき本能でメトロノームの音を知っているはずがありませんから、これは経験によって新しく獲得した行動ということになります。つまり、これは「イヌが学習した」ことを意味しているわけです。パブロフの研究は、それまで「動物は本能」「人間は学習」と考えられていた単純な図式が見直されるきっかけとなったわけです。

スキナーのオペラント条件づけ

　パブロフの研究によって、動物も学習によって新しい行動を獲得することがわかりました。それでは、動物はどんなことをどのように学習するのでしょう。行動主義心理学者たちが研究したのはまさにこのことでした。アメリカの大学の心理学実験室では、いろいろな動物がどのように学習するかが盛んに研究されるようになりました。中でも、当時の心理学者が最も愛用したのは、ネズミ（やや大きいラットと小さいマウス）でした。そして、ネズミが学習させられたのは、迷路の中のエサの

39

場所を見つけることや、不快な電気ショックから逃れることでした。あるいは、小さなレバーを押して、エサが貰えることを学習したりしました。

　心理学の研究にネズミが使われたのは、繁殖が容易であるために、頭のよい系統を作り出し、同じ系統での学習成績を比較することができることでした。また、迷路の学習や、レバー押し学習は、パブロフがやったようにイヌの唾液腺に手術をする必要もなく、学習状況を把握するのが容易だという利点もありました。ネズミは恐怖を感じると糞をする性質があり、ネズミが恐怖を感じていることを脱糞行動で確認することもできました。

　動物の学習行動の研究で最も活躍したのは、ハーバード大学のスキナー（Burrhus Frederic Skinner［1904-1990］）でした。スキナーは、パブロフのイヌの条件づけがメトロノームの音から唾液を出すという受動的なものであるのに対し、ネズミがレバー押しをする行動は能動的なものであることから、2つの条件づけを区別してレスポンデント条件づけ（受動的な条件づけ respondent conditioning）とオペラント条件づけ（能動的な条件づけ operant conditioning）と名付けました。

　スキナーを始めとする多くの行動主義心理学者たちによって、動物がどのような原理で学習をするのかが明らかにされました。たとえば、レスポンデント条件づけでは、餌とメトロノームの音とが短い時間感覚で提示されるほど、学習が成立しやすいことがわかりました。オペラント条件づけでも、レバー押しの後に出てくる報酬となる餌が短い間隔であるほど学習が起こりやすいこともわかりました。スキナーは動物学習から得られた「学習原理（learning principles）を応用することで、人間のための最適な学習法として「プログラム学習（programmed instruction）を提案しました。プログラム学習の考え方は、その後のコンピュータの発展とともに、コンピュータを使った学習（computer assisted learning：CAL）やコンピュータによる教育（computer assisted instruction：CAI）に引き継がれています。

　その他の学習の原理については、章末の「重要項目」について、イン

ターネットで各自が学習してください。インターネットを使った学習は、スキナーが今生きていたなら「まさにこれこそが理想の学習だ」と考えただろうと思います。

条件づけ理論の限界と有効な活用領域

　動物の学習がどうなされているかに基づいて構築された条件づけの理論は、人間の学習に適用するには単純すぎるという難点がありました。そのため、伝統的な教育心理学の教科書では必ず条件づけについての説明がなされている一方で、教室での実際の教育にはあまり役立たないこともわかってきました（次節でこれに代わる学習理論について説明します）。

　しかし、通常の学校教育ではあまり効果が見られなかった条件づけ理論も、自閉症スペクトラムなどの発達障害の子どもたちのための療育プログラム（intervention program）の基本原理として使われています。また、臨床心理学の領域でも、本人が気づかないうちに条件づけられてしまった問題行動や間違った信念を修正するための行動療法（behavior therapy）やその発展形である認知行動療法（cognitive behavior therapy）の基本原理ともなっています。

　本能に対立する概念として導入された「学習」という用語は、学校において算数や国語を学習するという場合よりもずっと広い意味を持っています。知らずしらずのうちに身につけてしまった習慣や、態度、信念なども「経験を通して新しく獲得した行動」ですから、習慣も態度も「学習されたもの」と考えることができます。そして、そうした習慣や態度などを改善するためには、学習したことを打ち消すような新しい学習が必要となります。それには、条件づけ理論が役に立ちます。算数や国語の学習にはあまり役立たない条件づけ理論も、子どもたちがどんな学習「習慣」を身につけているかを分析したり、どんな学習「態度」で授業に臨んでいるかを改善したりするのには有効なのです。

3.2　人間の学習：言葉を使うというヒトの特徴と学習

　本能に対する概念として、学習を「経験に基づいて獲得した行動」と考えることで、いつのまにか身につけていた癖や習慣なども学習されたものであることがわかりました。また、この定義にしたがえば、人間以外の動物にも多くの学習の例があり、動物実験で種々の学習がどう成立するかを科学的に調べることができるという利点もありました。しかし、その一方で、私たちが通常考えるような、「学校での学習」とは違う側面ばかりが研究されることになってしまいました。

　人間の学習が動物の学習と決定的に違う点は、言葉を使うことです。子どもたちは、学校で読み書きを学びますが、その前に聞いたり話したりすることができるようになっています。そして、言葉を使うことで多くのことを学んでいるのです。学校では、教師が言葉で説明をします。子どもたちはそれを聞いて、考え、新しいことを覚えていくことになります。こうした人間に特徴的な学びを動物実験で研究することはできません。

　そこで、人間に特有な学習についての研究がなされるようになりました。教育との関わりにおいて、ここでも重要な2つの考え方の対立が見られるようになります。それは、第2章の「発達と教育」のところで紹介した、「発達を待って教育するべきか、発達を促すように教育するべきか」というものに似ています。ヒトは自然に成熟することでも発達します。極端な立場から言えば、「親はなくとも子は育つ」ということわざのように、親も教育も必要ないとも考えられるわけです。

　これは人間の学習についても言えることです。子どもたちは教えないと何かを学習しないのでしょうか。そんなことはありません。学校で教わらなくても、子どもたち同士で遊びのルールを学んだり、複雑なスマホゲームのやり方を覚えたりしています。もちろん、わからないときに友達にいろいろ聞いたりすることはあるでしょうが、基本的には「自分からやり方を見つけていく」わけです。少なくとも、学校での学習のように教師が教えたりするわけではありません。

第 3 章　動物の学習・人間の学習・機械の学習（EP1）

ブルーナーの発見学習

　人間の学習のこうした自発的な面に注目した教育心理学者の一人がブルーナー（Jerome S. Bruner［1915-2016］章扉に写真）でした。ブルーナーは、行動主義心理学が外的な要因を重視していたのに対し、学習者自らが「学びたい」という欲求をもち、状況を「理解して」、「仮説を立て」それを「検証する」ような内的な活動に注目しました。当時の行動主義心理学においては、「学びたい」という欲求や、「理解したり、仮説を立てたり」という認知的な働きは、客観的に外から観察できないため、研究対象から外されていました。しかし、ブルーナーは、こうした内的な要因を考えることなしに、人間の学習を研究することはできないと主張しました。

　ブルーナーは、学習者が自分の力で学ぼうとし、問題の答えを見つけることで新しい知識を獲得していくことを「発見学習（discovery learning)」と名付けました。そして、発見学習には次のような利点があることを研究で証明してみせたのでした。まず、発見学習で学んだことは、なかなか忘れないことを実験で示しました。また、発見学習は学習者に喜びをもたらすこともわかりました。その結果、学習者はもっと学習したいと考えるようになります。さらには、発見学習によって、「どうすれば発見できるか」を発見できるようになる効果もあることがわかりました。こうしたことを通して、学習者はさらに賢い学習者となることができるわけです。まさに、発見学習こそが理想的な学び方だということになります。

オーズベルの有意味受容学習

　ブルーナーの発見学習に対立する立場として有名なのがオーズベル（David P. Ausubel［1918-2008］）が唱えた「有意味受容学習（meaningful reception learning)」です。オーズベルは、学習者が自主的に学ぶような発見学習に対立する学習スタイルとして、受動的な「受容学習（reception learning)」を考えました。これは言い換えれば、教育する側が主導権を取るような学習スタイルです。そして、受容学習で

43

有意味受容学習を唱えたオーズベル
David P. Ausubel [1918-2008]

あっても、学習者がその意味を理解できるようなものならば、学習が効果的になされることを示し、それを「有意味受容学習」と名付けました。

ここで重要なことは、オーズベルもブルーナーと同様に、当時全盛だった行動主義心理学に反対する立場を取っていたことです。ブルーナーの発見学習でもオーズベルの有意味受容学習でも、学習者の内的な要因が決定的に重要であることが主張されていました。行動主義心理学では、学習内容や学習教材などをその意味を考慮せずに無機質な用語で表現することにして、「刺激（stimulus）」と呼んでいました。人間の学習においても、重要なのは刺激を与えるタイミングや頻度であると考えられ、動物実験に基づいて学習原理が提唱されていました。しかし、ブルーナーもオーズベルも外的要因のみに注目した学習原理よりも、意味の理解のような内的な要因こそが重要であると主張したのです。

意味の理解が重要になるのは、人間の学習が言葉を通して行なわれるからです。言葉の意味を理解することなしに、学習は成り立たないのです。客観性を何よりも重視し外的要因のみを研究することを求めた行動主義心理学に対し、人間（や動物）の内的な要因、つまり頭の中の知的な活動である言語や認知を研究すべきであるとする新しい心理学の流れは、1980年代以降、「認知心理学（cognitive psychology）」と呼ばれるようになります。

もう一度、ブルーナーとオーズベルの対立に戻ると、発見学習と有意味受容学習は、どちらが正しい学習スタイルなのかの対立ではなく、生徒の役割と教師の役割のどちらから学習を見るかという視点の違いにすぎません。発見学習が理想的な学習スタイルであることは間違いありません。しかし、すべての子どもが自分で発見できるのを待っているので

は、時間がいくらあっても足りません。子どもたちの発見学習がうまく行くように、教師はどんな働きかけをしたらいいのでしょうか。そのためには、学習する内容が子どもたちにとって意味のあるものでなければならないとオーズベルは論じたわけです。オーズベルは、学習がスムーズに進むためには、学習すべき内容が頭の中でうまく整理できるような枠組みが必要だと考えました。そして、そうした「あらかじめ与えておく枠組み」を「先行オーガナイザー（advanced organizer）」と名付けました。

学習者の主体性を重視するか、学習者を支援する教員側の働きかけを重視するかは、教育における視点の違いにすぎません。それでも、時代の流れの中で、「学習者重視」の主張が注目されたり、その後にその反動で「教育者重視」の主張が盛り返したりが繰り返されてきています。文部科学省が 2014 年から推進するようになった「アクティブラーニング（active learning）」も、学習内容の削減（いわゆる「ゆとり教育」）の是非など教育者側の視点が重視されてきた 20 世紀末から 21 世紀初頭の流れからの反動と見ることができます。アクティブラーニングというのは、21 世紀版の「発見学習」なのです。

3.3　機械の学習：コンピュータの発展とその学習原理

Google 社が開発した人工知能ソフト Alpha Go が 2016 年に当時の囲碁の世界チャンピオンだった韓国のイ・セドル（李 世乭）を破ったことは世界中に衝撃を与えました。その Alpha Go の開発に使われた手法は「ディープラーニング（deep learning）」と呼ばれるものでした。この章では、動物の学習、人間の学習について述べてきましたが、学習するのは動物や人間だけではありません。現代では、機械も学習するのです。

しかしながら、教育心理学の授業で「機械の学習」が取り上げられることはほとんどありません。例えば、全国の大学図書館に収録されている本のデータベースである CiNii Books を使って、最近 2 年間に出版

されたもののうち、最も所蔵館の多いもの3冊、櫻井茂男（編著）『改訂版たのしく学べる最新教育心理学』（138館所蔵：図書文化社 2017年刊）、羽野・倉盛・梶井（編著）『あなたと創る教育心理学』（131館所蔵：ナカニシヤ出版 2017年刊）、藤澤伸介（編著）『探究！教育心理学の世界』（124館所蔵：新曜社 2017年刊）を調べてみましたが、どれも「ディープラーニング」についての記載はありませんでした。もっと一般的な「人工知能」でさえ取り上げられていません。

　教育心理学で取り扱う学習は「幼児、児童及び生徒の学習」なので、それでいいのだというのなら「動物の学習」も不要ではないでしょうか。ほとんどの教育心理学者は「いや、動物の学習からも子どもたちの学習に重要な示唆が得られる」と言うでしょう。でも、「機械の学習」からはそれ以上に重要な示唆が得られることを知らないだけなのではないでしょうか。少なくとも、以下に紹介する2つの研究成果は、人間の学習について理解する重要な手がかりを与えてくれるものです。

エキスパートシステム：ルールを教え込む学習

　コンピュータに人間のような知的な働きをさせようとする「人工知能（artificial intelligence：AI）」研究が盛んになったのは1980年代でした。当時の研究者が推進した方法は、コンピュータに大量の「if-then ルール」を覚えさせるというものでした。例えば、当時急速に開発が進んだ日本語ワードプロセッサ（ワープロソフト）では、ローマ字で入力された文字列を正しい漢字に変換する必要がありました。日本語では、同じ「kanji」という文字列が「漢字」だったり「感じ」だったりします。ワープロソフトは、文脈に応じて正しく変換することを学習しなければなりません。

　こうした学習はどのようになされるのでしょうか。最も単純な方法は、出現頻度に基づいて、頻度の多い方に変換するというものです。例えば、「toukyou」は「東京」の他に「東響」（東京交響楽団の略称）や「桐郷」（中国の都市）という変換候補がありますが、圧倒的に「東京」として使われる頻度が高いので、まず「東京」に変換するようにすればほとん

第3章　動物の学習・人間の学習・機械の学習（EP1）

ど正しい変換になります。

　それでも、東京交響楽団の関係者なら「東響」と変換してほしい場合も多いでしょう。そこで、コンピュータに、実際に使用する人のこの言葉の使用頻度を学習させることも重要な方略となります。さらには、この言葉の前にどんな言葉が使われたのかに応じた変換をすることも有効です。交響楽団に関するような用語がたくさん用いられている場合には、「東響」がふさわしい場合の確率はずっと大きくなるからです。

　そこで、「どのような条件のとき（if）」「どうするか（then）」を対にしたルール（規則）をたくさん用意して、それをコンピュータに「教えて」おけばいいということになります。考えてみると、私たち人間の学習も、「どのような状況ならどう行動すべきか」というルールを数多く覚えることでもあります。さらには、「メトロノームの音を聞いて」「唾液を出した」パブロフの犬が学習していたのも、こうしたルールの学習だったとも考えられます。

　人工知能研究が盛んになった1980年代には、こうした「if-thenルール」を記述するのに適したPrologやLispといったプログラム言語が開発され、いろいろな知的な課題を人間のように実行できるプログラムが作られました。さらに、大量のルールが複雑に関わるような分野では、人間よりも適切に速く判断できる人工知能システムも作られました。しかも、人工知能は間違いを犯さないという利点もありました。そこで、航空管制システムや医療診断サポートシステム、銀行業務システムなどに人工知能が活用され、そうしたシステムは「エキスパートシステム（expert systems）」と名付けられました。どのような盤面でどの駒を動かせばよいかのルールをマスターすれば、チェスにも強くなります。当時世界最大のコンピュータメーカーだったIBMが作った「ディープブルー（Deep Blue）」は、1996年に世界チャンピオンのガルリ・カスパロフに勝利するまでになりました。たくさんのルールを教え込むことで、機械も学習するのです。

47

ディープラーニング：機械が自ら学ぶ学習

　チェスで世界チャンピオンに勝つまでに進歩した人工知能も、普通の人間との会話をするようなことは苦手でした。例えば、英語と日本語との翻訳をするプログラムが開発されてきていますが、チェスでは世界チャンピオンに勝てるコンピュータでも、まだまともな翻訳ができません。それは、領域が限られてルールが明確な航空管制システムやゲームの世界とは違って、私たちの日常生活では明確なルールで示せないような曖昧なことが多いからです。言葉の使い方のルールである「文法」も例外だらけで、すべてのルールを書き尽くせてはいません。にもかかわらず、私たちは生まれてから数年のうちに言葉を覚え、正しく日本語（や英語などの母語）を話せるようになります。人にできる言語学習がどうしてコンピュータにはできないのでしょうか。

　こうした問題で壁にぶつかっていた人工知能研究でしたが、新しい考え方によって、その壁を超えられる可能性が出てきました。それは、「ルールを人間が教え込む」のではなく、「コンピュータが自分で学ぶ」という学習方法を使うというアイディアでした。

　そもそも、人間や動物が新しいことを学習できるのはどうしてでしょうか。それは脳の働きによるものです。人間の脳は140億個もの神経細胞が互いに複雑に結びつき、情報のやりとりをしています。その最も基本的な仕組みは、「神経細胞間の結びつきが強くなったり弱くなったりする」というだけのことなのです。そこで、コンピュータにもこの「神経細胞間の結びつきを強めたり弱めたりする基本原理」だけを組み込み、あとはコンピュータが自分で結びつきの強さを変えていくと

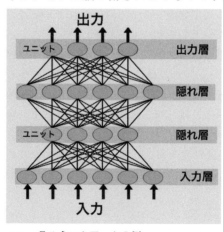

ニューラルネットワークの例

第 3 章　動物の学習・人間の学習・機械の学習（EP1）

いうやり方で学習させることができるはずです。こうした学習の仕方を「神経細胞網（neural network）」を真似たという意味で「ニューラルネットワークモデル（neural network models）」と呼びます。あるいは、「結びつき（connection）」を変化させる考え方から「コネクショニズム（connectionism）」と呼ばれることもあります。

　囲碁の世界チャンピオンに勝った Alpha Go で使われていたディープラーニングは、ニューラルネットワークモデルの一種です。ニューラルネットワークモデルでは、神経細胞を模した多数のユニットを層のように並べ、その層をさらに複数重ねて、それぞれの層の間でのユニット間の結びつきの強さを調整することで学習が進められていきます。ディープラーニングは、従来のものよりも層の数が多くなり、より「深い層」まで「結びつきの調整による学習」がなされることからこう名付けられました。実は、まだ「まともな翻訳ができない」と書きましたが、Google 翻訳にもディープラーニングが使われるようになり、以前の翻訳よりも数段進歩しました。この翻訳ソフトウェアは、今後も自ら学習を続けていくでしょうから、徐々にまともな翻訳ができるようになっていくと期待できます。

人間の学習と機械の学習の類似

　ディープラーニングなどのニューラルネットワークモデルによってなされた学習には、人間の学習によく似た側面があることが知られています。それは、世界チャンピオンに勝つことができる Alpha Go がどんなルールで石を置いているのかは、コンピュータの中を覗いてもわからないということです。これは、自由自在に言葉を使える言語学者でも、その言葉をどう使うのかについてのルールを明確に述べることができないこととよく似ています。

　コンピュータにルールを教え込むことで、ある程度の学習レベルに達する

49

ことも人間での学習と似ていますが、さらに高い学習レベルに達するためには、学習者自らが発見をする必要があることも人間とコンピュータで共通なのです。そして、高いレベルに達したとしても、人もコンピュータも「何を学習したのか」を言葉で言い表わせるわけではないのです。

コラム

この章で取り扱えなかった「学習」の重要項目

　この章では学習について、動物の学習、人間の学習、機械の学習という3つの観点から、心理学や関連する研究領域においてどのように研究がなされてきたかを、紹介しました。動物の学習から見出された学習理論に基づいてスキナーが考案したプログラム学習には5つの学習原理があります。**スモールステップ**の原理、**積極反応**の原理、**即時強化**の原理、**学習者ペース**の原理、**学習者確認**の原理です。それぞれについて、調べてみてください。学習がどのようなメカニズムで成立するのかについての代表的な学習理論として、**S-R説**、**S-S説**があります。それぞれのアルファベットが何を意味するかを含めて自習をしてください。

第 4 章

言語・記憶・思考（EP1）

ノーベル経済学賞を受賞したカーネマン
Daniel Kahneman ［1934-］

　この章では、**教育心理学の授業で取り扱うべきコアカリキュラム項目**の「(EP1) 様々な学習の形態や概念及びその過程を説明する代表的理論の基礎」に関して、人間の学習の特徴である、言語・記憶・思考についてどのような研究がなされてきているのかを学びます。

4.1　認知心理学の誕生

　人間の学習がネズミやハトの学習とは違うということを主張したブルーナー（第3章参照）は、言語、記憶、思考など人間に特徴的な認知的働きについての研究を行なう心理学として認知心理学という新しい心理学を生み出す先駆者となりました。その背景には、急速に進展していたコンピュータ科学（computer sciences）がありました。ハードウェアとしてのコンピュータを作ることだけでなく、コンピュータを活用するためのソフトウェアの研究も登場してきました。1956年にコンピュータ科学者によって開催されたダートマス会議（Dartmouth Conference）では、初めて「人工知能（artificial intelligence）」という言葉も使われ、この会議が「認知科学 cognitive sciences」の始まりと言われています。

　科学を目指した心理学が行動の科学とならざるをえなかったのは、人間に特有の認知機能である言語、記憶、思考などを科学的に研究する方法がなかったからでした。例えば、外から観察できない思考プロセスについてどう研究したらいいでしょうか？　コンピュータを人間のように考えさせようとする人工知能研究の登場は、人間の思考プロセスをコンピュータプログラムで書き出すことでした。これを逆に考えると、今まで「見ること」ができなかった思考プロセスをコンピュータプログラムとして書くことができるということです。人間をコンピュータになぞらえて研究する新しい心理学は、「情報処理心理学（information processing psychology）」と呼ばれるようになり、その後、認知心理学となりました。

　認知心理学者は、認知科学の一領域として、他の認知科学を構成する人工知能研究者、神経科学者、言語学者たちと共同研究をしたり、巧妙な心理学実験を考えたりしながら、行動とは違って直接に観察できない認知

第 4 章　言語・記憶・思考（EP1）

プロセスを解明する取り組みを始めました。認知科学の中では、同じ研究対象を、人工知能研究者も神経科学者も認知心理学者も研究するわけですが、その違いは研究方法にあります。認知心理学者が得意とする研究手法は、人間を被験者にした心理学実験です。認知心理学の研究分野は幅広く、すべてを紹介することはできないので、ここでは、特に教育に関係が深い言語、記憶、思考の3領域に絞って解説をすることにします。

4.2　言語はいかに学習されるか

　人間が言葉をどう覚えていくかについて、行動主義心理学では、言語も学習されるものと考え、条件づけ理論によって説明をしていました。たしかに、人間の赤ちゃんは犬がいるときにお母さんが「あ、ワンワンがいる」と言うのを繰り返し見聞きするうちに、「ワンワン」とは犬のことだと学習していくのですから、これはパブロフの条件づけと同じことのようにも見えます。行動主義心理学者のスキナーは1957年に『言語行動論（Verbal Behavior）』という本を出版し、言語も行動の一種として学習理論で説明していました。

　しかし、言語学者のチョムスキー（Noam Chomsky［1928-　］）は、条件づけでは決して言語の習得はできないと論じました。チョムスキーは1959年にスキナーの『言語行動論』を徹底的に批判する書評論文を書き、ほとんどあらゆる側面からスキナーの誤りを指摘しました。特に、チョムスキーが重視したのは、行動には現われない内的な要因でした。言葉をしゃべったり、他人の話に耳

言語学者のチョムスキー
Avram Noam Chomsky［1928-　］

を傾けたりする行動とは違って、文法のような目に見えない言語の内的構造は条件づけでは学習できないと厳しく批判しました。

チョムスキーが代わりに提唱したのは、私たちが言語を習得できるのは、それがヒトに生得的に備わった能力だからであるという「言語生得説（linguistic nativism）」でした。ヒトの赤ちゃんは「言語習得装置（language acquisition device）」を生得的に持って生まれてきます。そして、その装置は周りで日本語が使われていると、日本語を習得するように働き、英語が使われていると英語を習得するように働くのだと考えたのです。チョムスキーは言語習得が生得的であることの証拠として、言語習得の普遍性に注目しました。習得する言語は生まれた環境によって違うものになりますが、世界中どこでも「同じように1歳くらいから」「同じように極めて短期間に」「同じように誰もが言葉を習得する」という現象はヒトに特有の本能のようなものだと考えたわけです。

スキナーからチョムスキーへの再反論はなされないまま、言語を行動の一部と考える行動主義的な言語観は廃れていきました。改めて考えてみれば、学校教育において、言葉の果たす役割は何よりも重要なものです。教師は言葉を使って教え、教室で子どもたちはそれを聞くことが求められます。教師が質問し、それに子どもたちが答えることも言葉なしにはありえません。話し言葉だけでなく、読み書きも重要です。私たちの知識のほとんどは読むことによって得たものです。だからこそ、学校ではまず読み書きを教えるのです。

言語研究から得られる教育への示唆

「人間が言葉を使っていかに学ぶのか」や「言葉を使ってどう教育するのか」について、学校教育に役立つような教育心理学的成果はほとん

第 4 章　言語・記憶・思考（EP1）

どありません。子どもたちに何かを指示する際には一度に一つに限るのが良いことや、授業中にどんな言葉で質問するのが効果的なのか、などの「授業のコツ」は経験豊かな教員たちによって見出され、教員間で共有されたり、本として出版されたりしてきましたが、残念ながら、学問としての教育心理学からの貢献はほとんど見られません。あえて言えば、「人間の学びは行動主義心理学者が考えたよりもずっと複雑で簡単には理論化できないものだった」ことをはっきりと示したことでしょう。

4.3　記憶の性質と機能

　学校における教育活動や学習活動に関わる重要な認知活動に、物事を記憶することがあります。現代の子どもにとって勉強することは憶えることとほとんど同じです。テストでは、教わったことについて「どれだけ憶えているか」が問われます。では、いったい記憶とは何でしょうか？　どうすれば憶えられるのでしょうか？　なぜ、憶えたことをすぐ忘れてしまうのでしょうか？

エビングハウスの忘却曲線

　人間の記憶について科学的に研究をした先駆者は、ドイツの心理学者エビングハウス（Hermann Ebbinghaus［1850-1909］）でした。エビングハウスは自分自身を被験者にして、たくさんの単語を記憶し、どれだけ憶えていられるかを実験しました。その際、言葉の意味の影響を排除するために、「ヘヒ」「ネメ」のように意味のない言葉を作り「無意味綴り（nonsense syllables）」と名付けました。実験の結果、記憶したことのほとんどは短時間で忘

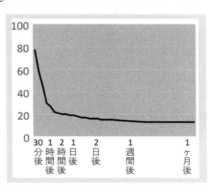

エビングハウスの忘却曲線

55

れてしまうことがわかりました。一方、忘れなかった一部の無意味綴り
は時間が経ってもなかなか忘れないこともわかりました。この現象を示
したのが、有名な「エビングハウスの忘却曲線（forgetting curve）」で
す。

記憶の貯蔵庫モデル

　「すぐに忘れる」という現象と「長く憶えていて忘れない」という現
象をうまく説明づけるために認知心理学者が考えた記憶のモデルは、短
期記憶（short-term memory）と長期記憶（long-term memory）とい
う２つの性質の違う記憶があり、それぞれ別の「貯蔵庫」があるのだ
というものでした。短期記憶の貯蔵庫は短い時間しか記憶を保持するこ
とができず、またその記憶できる量も少ないのが特徴です。一方、長期
記憶の貯蔵庫は容量がほとんど無限大で、記憶できる期間もずっと長い
という特徴があります。憶えようとしたことのほとんどをすぐに忘れて
しまうのは、それが短期記憶貯蔵庫にしか入らなかったからです。一方、
短期記憶から長期記憶に移された情報は、もう忘れることはなく、知識
として長く記憶されます。また、私たちの知識にはほとんど上限がない
こともこのモデルによくあてはまります。さらには、目や耳のような感
覚器官自体にも、ごく短時間だけ情報を保持できるような仕組み（感覚
記憶 sensory memory）があることもわかってきました。

　このモデルが正しいとすれば、物事を憶えるコツは、いかにして短期
記憶段階から長期記憶段階へ移行させられるかにかかってきます。認知
心理学者は記憶を定着させるためのこうした方略を「リハーサル」や
「精緻化」と呼んで、その効果を実験で検証してきました。同じ単語を
何度も繰り返し読んでリハーサルをすると、何度も感覚記憶を通して短
期記憶に情報が入ります。すると、長期記憶に移行されやすくなるとい
うわけです。また、憶えようとすることを、いろいろな角度から吟味し
て、情報そのものを憶えやすくすることが精緻化です。例えば、英単語
を分解して意味の成り立ちを考えたり、反対の意味の言葉を考えたりす
ると憶えやすくなります。

第4章　言語・記憶・思考（EP1）

記憶の意味ネットワークモデル

　それでは、一度長期記憶に入れられて、ちゃんと憶えたと思われたことでも、忘れてしまうことがあるのはなぜでしょう。長期記憶の貯蔵庫の中はいったいどうなっているのでしょう。認知心理学者は巧妙な実験を用いて、長期記憶がどんな構造であるかを調べ、なぜ記憶したことが忘れられてしまうのかについても説明がつくような記憶のモデルを作り上げました。

　長期記憶とは、私たちの持っている知識（knowledge）そのものです。そこで、長期記憶貯蔵庫の中がどうなっているのかは、私たちの知識がどうなっているのかを調べることで推測できます。そうした考えから、長期記憶は意味記憶（semantic memory）と呼ばれるようになりました。知識とは意味を持った情報の集まりだと考えられるからです。

　私たちの持つ知識の特徴は、それぞれが関連していることです。例えば、タヌキという動物はイヌ科の動物ですが、昔話などでは腹鼓を打ったり、人をばかしたりすることで知られています。さらには、太った年配の男性につけるあだ名にも使われます。「たぬきうどん」という食べ物もあります。同じイヌ科のキツネも昔話などでは人をばかすことになっていて、タヌキと対にされることが多く、「きつねうどん」という食べ物もあります。こうした知識はそれぞれが互いに関連し合う情報として貯蔵されているわけです。

　そこで、意味記憶は個々の情報が互いに結びつきあったネットワークのような構造をしていると考えるのが、意味ネットワークモデルです。多くの人はタヌキと聞くとキツネを思い出すことでしょう。こうした連想が起こることも意味ネットワークモデルでうまく説明ができます。さらには、結びつきには強度に違いがあって、タヌキからはイヌよりもキツネを思い出しやすいという説明もできるようになります。認知心理学者は、単に思い出しやすいかどうかだけでなく、思い出すまでの時間をミリ秒単位で計測して、結びつきの強度や、間接的な結びつきの距離を推定し、こうしたモデルの正しさを検証してきました。

57

短期記憶から作業記憶へ

　短期記憶についても、単なる短時間の「貯蔵庫」ではなく、人間が認知的な作業を行なうための「作業場」であるという見方がなされるようになりました。

　例えば、「28 × 13」を暗算で計算しようとするとき、筆算ですることをすべて短期的に記憶していなければなりません。このとき、単に記憶するだけではなく、頭の中で掛け算や足し算もしますが、そうした作業がなされる場所が必要で、それが作業記憶（working memory）だというわけです。

　作業記憶は、容量が限られていることや短時間（どころか数秒以内）しか情報を保持できないことなど、短期記憶の特徴をそのまま引き継いでいます。一方、作業記憶を認知活動の「作業場」と考えることで、忘れるという現象の説明もうまくできるようになりました。憶えたことを思い出すのは、意味記憶にある情報を作業記憶に呼び出すことだと考えると、忘れるというのは、思い出せないことですから、意味記憶から作業記憶に移すことができないということに相当します。つまり、忘れたように感じることも、その情報が貯蔵庫から無くなってしまったのではなく、貯蔵庫から作業場に持ってこれなくなっただけと考えるわけです。このモデルでは、ど忘れのような一時的な記憶の喪失や、何十年も前のできごとがちょっとしたきっかけで思い出されることなども矛盾なく説明できます。

潜在記憶とメタ記憶

　短期記憶が記憶の入口であるという見方も見直されるようになりました。それは、短期記憶（や作業記憶）を通らずに記憶される現象が認知心理学の実験によって確認されたからです。憶えようとしていたわけではないのに記憶されてしまうことは、以前から知られていて「偶発記憶（incidental memory）」と呼ばれていましたが、それがどうして起こるのかのうまい説明ができませんでした。私たちが外界から得た情報は作業記憶を通らずに直接に意味記憶の中に記憶されると考えると、偶発記

憶も説明ができます。作業記憶は私たちの意識の場でもありますから、作業記憶を通らずに記憶された情報は「記憶したという記憶」がないままに記憶されたことになります。そこで、こうした無意識的に記憶したものを「潜在記憶（implicit memory）」と呼びます。

　フランス語で「デジャビュ（déjà vu）」と呼ばれる現象があります。初めてのはずなのに、なんとなく前にも見たことがあるような体験をすることを言います。こうした現象も、潜在記憶の存在を考えるとうまく説明がつきます。潜在記憶はたくさんの顔写真を被験者にただ見てもらい、数日後に、別の写真の束の中から前に見た写真を選び出してもらうと、あてずっぽうに選んだつもりでも、偶然以上の高い確率で以前に見た写真を選んでいることなどの認知心理学実験でも検証されています。

　意味記憶内のネットワークで起こっている連想は、無意識になされています。認知心理学者はプライミング（priming）実験によって、そうした潜在的な連想の存在を検証してきました。上で述べたタヌキからの連想でも、キツネが思い浮かぶまでの過程は潜在的に進行しています。連想が起こっていても、キツネが思い浮かぶところまでには達していないという状況がありうるはずです。例えば、被験者には読み取れないくらいのきわめて短い時間だけ「タヌキ」という単語をパソコンの画面に提示します。その後で、「キツネ」「ヤマネ」「イタチ」の中からどれかを選んでもらうと、偶然以上の確率で「キツネ」が選ばれます。つまり、本人も気づかないうちに、タヌキからキツネへの連想が起こっていたというわけです。こうした潜在連想を利用して開発されたのが「潜在連想テスト（implicit association test：IAT）」です。潜在連想構造を探ることができるので、差別問題など人々が本心を明かしにくい問題の研究に使われています。

　私たちは何かを記憶するだけでなく、自分が何を記憶しているかも記憶しています。こうした「記憶についての記憶」をメタ記憶（meta-memory）と言います。例えば、「学校で習ったはずなのに思い出せない事柄」と「習った覚えがないので思い出せない事柄」を区別できるのは、自分が何を記憶していて何を記憶していないかについてのメタ記憶

があるからです。学校教育とは関わりが薄いことなので、詳しくは述べませんが、高齢者の認知症では記憶だけでなくメタ記憶も失われてしまうことが知られています。認知症の人は自分が何を憶えたのかも忘れてしまうのです。

エピソード記憶と自己同一性

　カナダの認知心理学者タルビング（Endel Tulving［1927-　］）は、長期記憶と呼ばれていた記憶貯蔵庫に意味記憶とは別の記憶があることを見出し、「エピソード記憶（episodic memory）」と名付けました。実は、意味ネットワークモデルで示される意味記憶は、記憶というよりも知識と呼ぶ方がしっくりくるものです。今、この文章を打ち込んでいる機械がパソコンと呼ばれるものであることは知識として知っていることであって、別に記憶していることではないからです。これに対し、昨日の夕食に何を食べたのかは知識ではなく、まさに記憶というべきものです。しかし、これも長期記憶の一部であるはずです。タルビングは、こうした「自分が何かをしたこと」や社会の出来事などは、一つひとつが物語と呼べるような記憶であると考えて、「エピソード記憶」という命名をしました。

　自分についての一連のエピソード記憶のことを「自伝的記憶（autobiographical memory）」と呼びます。人は誰も自分についてのいろいろな情報を持っています。自分が今までどのように生きてきたかについての自伝的記憶は、「自分とは誰か、どんな人間か」という自己意識（self-consciousness）でもあります。考えてみると、今の自分と幼少期の自分とは、年齢はもちろんのこと、身体の大きさも知識の量もまったく違う別人です。にもかかわらず、それが自分なのだと感

カナダの認知心理学者タルビング
Endel Tulving［1927-　］

じることができるのは、エピソード記憶の蓄積としての自伝的記憶によって、今の自分と過去の自分とが連続していることが確信できるからです。

記憶研究から得られる教育への示唆

言語についての研究と同様に、記憶についての教育心理学的研究はまだまだ学校教育に示唆を与えるだけの十分な成果を挙げていません。語呂合わせなどの記憶術は、学問的成果というよりも、人々が経験的に見出してきた知恵です。それでも、現在の認知心理学者の多くが研究の前提として受け入れている意味ネットワークモデルからは、「知識は詰め込むものではなく、関連付けるものである」という重要な示唆が得られると思います。知識の多い人はもう新しい知識を詰め込む余地が残っていないのではなく、むしろ新しい知識を既存の知識に関連付けやすいためにどんどん知識を増やすことができます。「頭を空っぽにしてどんどん知識を吸収する」という比喩も間違いです。頭が空っぽの人は新しい知識をどこにも関連付けることができません。

4.4　思考とは何か

学校の教員が子どもたちに一番してほしいことは、子どもたちが自分で考えることだろうと思います。そこで、授業中にいろいろな教材を見せて、子どもたちに考えさせようと工夫をします。もちろん、直接に「考えてごらん」と言って、考えるよう促したりもします。しかし、考えるとはいったいどうすることなのでしょうか？

学習指導要領では、1991 年に「新しい学力観」が提案され、それまでの知識偏重の学力観から、「考える」力を重視する方向へと転換されました。しかし、2017 年に策定された「教職課程コアカリキュラム」には、学習に関する理論が含まれているだけで、思考に関してはほとんど記述がありません。思考とは何かについて学ばずに教員になり、子どもたちから「先生、どうやって考えたらいいの？」と尋ねられたら、ど

うすればいいでしょう？　考えてみましょう。

　教育心理学誕生の基盤となった行動主義心理学では、外から観察できる行動に研究対象を限定していました。人が考えるという行為は、外から観察できないものの典型でした。人間の認知プロセスを研究する認知心理学者にとっても、思考の研究は難問でした。人がどのように思考をしているかを研究するための方法の一つが思考発話（thinking aloud）法です。これは、被験者に「何を考えているかを、そのまま声に出して言ってもらう」という方法です。子どもでは、自分の考えを口に出しながら考えている様子が観察できることがあります。大人でも、知らずしらずのうちに、独り言を言いながら作業をしていることがあります。それでも、この方法は簡単な課題を解かせる場合などではうまくいきますが、深い考えが必要となる場面では、多くの場合、被験者は黙ってしまうことになりがちです。

実践の知による思考のための手法

　新しい製品の開発など、人の創造性について研究する分野では、収束的思考（convergent thinking）と拡散的思考（divergent thinking）の区別がなされてきました。収束的思考とは、物事を理詰めで考えて一つの正解にたどり着くような思考のことです。一方、新しいアイディアを生み出す場合には、必ずしも正解が一つだと決まっているわけではありません。できるだけ多くの異なるアイディアを考えることが重要です。拡散的思考とは、そうしたタイプの思考を言います。

　拡散的思考をするための手法として、ブレインストーミング（brain storming）やKJ法（KJ Method）が提案されてきました。ブレインストーミングは、数人でアイディアを出し合うのですが、その際に以下の4つのルールに従うことで、独創的なアイディアが生まれやすくなると言われます。①自由奔放：奔放な発想を歓迎する。②批判厳禁：どんなアイディアも批判しない。③質より量：大量のアイディアを出すことで質の良いものも生まれる。④便乗発展：他人のアイディアに便乗して、さらに発展させる。

第4章　言語・記憶・思考（EP1）

　文化人類学者の川喜田二郎は、フィールドワークなどで収集した多様な資料をどう整理したらよいかについて、いろいろな手法を試してみる中で、カードを使って視覚的にグループ化をする方法が有効であることに気づきました。川喜田は、この方法に少しずつ改良を加え、最終的に「KJ法」として公刊しました。

　ブレインストーミングの原理は、人間の脳の基本的な働きが連想であることで説明できると思います。しかし、科学的な研究成果として生まれた技法ではなく、アイディア創出のための種々の実践の中から、経験的にその有効性が知られるようになったものです。

　人間の意識的な思考には作業記憶が重要な働きをしていますが、作業記憶に入れておける情報の量は限られていることが知られています。より高度な考えをするためには、関係する多くの重要な項目のすべてについて考える必要があるのですが、私たちの作業記憶の容量が限られているために、すべてを取り込むことが難しいのです。関連する項目をグループ化して、一目でわかるようにするKJ法の工夫は、おそらく作業記憶により多くの情報を取り込むのに有効なのだろうと思います。しかし、KJ法も科学的根拠がある方法というよりは、数多くの実践の中から見出された現実的な手法ということになります。

考えるとは計算することである

　コンピュータに人間と同じように考えさせようとする人工知能研究でも、「考えるとは何か」が考えられてきました。コンピュータとは、もともと計算機のことであり、コンピュータにできることは「計算すること」だけです。ということは、コンピュータに考えさせることができるとすれば、「考えるとは計算すること」だということになります。

　ここで言う計算とは、論理演算のことです。具体的には、第3章でも紹介したif-thenルールを用いて、論理的に推論をしていくことです。提示された問題から出発して、使える規則（if-thenルール）だけを用いて、最終的な解答に行きつくような道筋を見つけることができれば、コンピュータは「問題を考えて解答を見つけた」と言えるでしょう。

63

人工知能研究者は、解答にたどり着く道筋をコンピュータに教えるときに、アルゴリズム（algorithm）とヒューリスティックス（heuristics）という2つの異なる方略があることに気づきました。アルゴリズムというのは、解答に至る具体的な手順をすべて書き出したものを言います。実は、コンピュータプログラムというのは、コンピュータに何をすべきかをすべて具体的に書き出したものですから、プログラムはアルゴリズムなのです。アルゴリズムが書ければ、問題は必ず解決します。しかし、限りなく時間がかかる場合もあります。

　これに対し、ヒューリスティックスというのは、明確な手順に従って演算をする代わりに、「それらしい候補」をいくつか選んで、それが正答かどうかを確認してみるようなやり方のことです。場合によっては正答でなくても、試してみて問題なければ、「それでOK」とするようなこともあります。運良く「それらしい候補」が正答である場合には、すぐに正答が見つかることになりますが、アルゴリズムと違って、必ず正答が見つかるわけではありません。

　私たちが何かの問題にぶつかって、その解決策を考える場合には、ヒューリスティックスを用いることがほとんどです。例えば、落としてしまったコンタクトレンズを見つける場合、部屋の床を1㌢角に区切って、部屋の隅から1区画ずつ「しらみつぶし」に調べていけば、コンタクトレンズは必ず見つかるでしょう。これはアルゴリズム的な解決法です。しかし、私たちはそんなことはしません。落としたところから考えて「落ちていそうなところ」を探します。その方が、ほとんどの場合は早く見つかるからです。でも、このヒューリスティックスでは見つかることが保証されているわけではありません。いくら探しても見つからないような場合は、たいてい「この辺に落ちそう」と目星をつけたところが間違っていて、レンズは予想外のところまで転がっていたりするのです。

カーネマンのシステム1とシステム2
　時間はかかるけれど堅実なアルゴリズム的な思考法と、うまくいけば

64

第4章　言語・記憶・思考（EP1）

早く解決策が見つかるけれど解決の保証がないヒューリスティックス的な思考法の両方を私たちは使い分けているようです。ノーベル経済学賞を受賞した心理学者のカーネマン（Daniel Kahneman［1934-　］章扉に写真）は、人間の脳は本来ヒューリスティックス的な思考に適したものであることに気づき、こちらに「システム１（System 1）」という名前を付けました。脳は多くの神経細胞が結びつき合ってできた巨大なネットワークであり、神経細胞の結びつきによって２つの事象が関連づけられることが連想であり、脳の本来の機能であると考えたのです。

　システム１のモードで考えることは、脳が勝手にやってくれるので楽ですが、逆に言うと意識的なコントロールができません。システム１の働きは速いことも特徴です。例えば、「キツネ」と聞いて「タヌキ」を連想するのは簡単ですし、瞬時にできます。特に「頭を働かせよう」と意識する必要もありません。その代わり、その連想を止めることもできません。

　一方、脳をアルゴリズム的に働かせることには、意識的な努力が必要です。今この文を書いている私は、脳を「システム２（System 2）」のモードで働かせています。なかなか良い文にならず、何度も書き直して読み直しています。文を書くのは簡単ではありません。脳も苦手なようで、ちょっと油断すると、脳は勝手にシステム１モードに戻ってしまい、「カレーライス」を思い浮かべていたりします。それをまたシステム２に引き戻すには努力が要ります（ああ、もう書くのをヤメたい）。子どもだけでなく、私たちの誰もが考えることを苦手にしているのは、私たちの脳がシステム２モードで働くことを嫌っているからです。

考えさせるためには書かせる

　以上を踏まえると、子どもたちに考えさせるために教師がするべきことは何でしょうか？　まず、何のために考えさせるのかで、するべきことが違ってきます。新しいアイディアを考えるような拡散的思考をさせたいのなら、ブレインストーミングのような方法をとればいいと思います。

　しかし、多くの教師が期待する「考える」という行為は、カーネマン

65

のシステム2モードを働かせることでしょう。「日本の首都は？」という質問に「東京」と答えるようなシステム1的な思考は、知識を問うものであって、それでは考えさせたことになりません。では、どうすれば子どもたちにシステム2的な思考をさせられるでしょうか？　子どもたちが、自分の意思で脳を働かせ、脳が嫌っているようなシステム2モードを使うようにするためには何をさせればいいでしょうか？

哲学者の信原幸弘は2000年に出版した『考える脳・考えない脳』という新書の中で、ニューラルネットワークモデルに基づいて、カーネマンと同様の考えを提唱しています。信原は、カーネマンの言うシステム1を「考えない脳」、システム2を「考える脳」と名付けました。信原も脳の本来の機能を連想記憶と考えました。算数を例に考えてみましょう。九九を覚えた子どもが「3×4」から即座に「12」と言えるのは、脳の働きですが、これはシステム1の働きにすぎません。（信原の用語では、「考えない脳」の働きです。）

これに対し、「345×67」の答えは即座には言えません。代わりに、私たちは筆算をします。これは「5×7」「4×7」「3×7」の1桁の掛け算に分解し、それぞれの答を位取りに注意しながら足し算し、さらに同じことを10の位の「6」について繰り返して、最後に総合計を出すという一連の手続きのことです（実は、これはアルゴリズムの一つです）。この一連の手続きをすべて頭の中ですることを暗算と言いますが、これは「345×67の答を考える」ことでもあります。つまり、暗算は考えることであり、ここでの脳の働きがシステム2であることは間違

いありません。暗算（mental calculation）は「考える脳」にしかできないことです。

ここでの例を文章を書くことに置き換えてみましょう。机の上の湯呑み茶碗を見て、「茶碗がある」と思ったり、「一休みして、お茶でも飲むか」と思ったりすることは、九九の答えのように自然に頭の中に湧いてくる考えです。これはシステム1です。

第4章　言語・記憶・思考（EP1）

一方、いろいろな知識を再構成しながら文章を書くことは、意識的に頭を働かせることでしかできません。そのためには、システム2で脳を働かせる必要があります。つまり、単語の知識レベルのことはシステム1、まとまった文書を考えるならシステム2ということです。

　ここで、もう一度筆算と暗算の例を考えてみましょう。暗算とは「頭の中で筆算をすること」でした。では、書くことと考えることではどうなるでしょうか？　私たちは普通、考えてから書くと思っていますが、筆算と暗算との対応で考えると、「筆算＝書く」「暗算＝考える」となります。「考えてから書く」のではなく、「頭の中で書くことが考えること」なのです。

　子どもたちに無理に暗算をさせなくても、筆算ができれば十分です。筆算をさせれば、計算間違いをどこでしたのかもすぐわかります。同じことは思考についても言えます。無理に思考をさせなくても、文章が書ければいいのです。文章を書かせれば、どこで考えの道筋が外れてしまったのかがすぐにわかります。つまり、教師が子どもたちに何かを考えさせたいと思ったら、子どもたちに何かを書かせればいいのです。もう子どもたちではありませんが、大学において学生たちにレポート課題が出されるのは、学生たちに考えさせるためなのです（大学教員がそうした考えに基づいて課題を出しているかどうかは不明ですが）。

コラム

この章で取り扱えなかった「言語・記憶・思考」の重要項目

　この章では人間の学習の基盤となる言語、記憶、思考という認知的な働きについての研究成果を紹介しました。コアカリキュラムには、言語、記憶、思考について学ぶことが含まれていませんが、この章を読んで、これら3つの領域が人間の学習について理解する上で極めて重要であることが分かったと思います。さらに知識を深めるためには、**認知心理学**を含む**認知科学**について、教科書やインターネットで勉強する必要があります。

　人間の言語に関わる学問分野として**言語学**があります。言語学

には、**音声学、音韻論、形態論、意味論、統語論、語用論**、などが含まれます。言語学の一分野の意味論とは違う**一般意味論**という学問もあります。「地図は現地ではない」という標語で「言葉がその表わす事物そのものではないこと」を警告するなど、言葉の使い方によって間違った考えをしてしまうことを防ぐための技術を集めたものです。言語学者**チョムスキー**は言語学が心理学の一分野であると考えていました。現在主流の考え方は、言語学は言語を含む人間の認知の働きを研究する認知科学の構成分野の一つであるとするものです。その他には、**哲学、心理学、文化人類学、人工知能研究、計算機科学、神経科学**などが含まれます。

　記憶は認知心理学の中で最も盛んに研究されている領域です。記憶の重要さは、中高生になると学校の勉強のほとんどに記憶が大きく関わってくることからもわかると思います。記憶が**記銘、貯蔵（保持）、再生**の３段階に分けられることや、**再生**と**再認**の違いについても調べてみましょう。記憶はいろいろな分類がなされています。この章で紹介した、**短期記憶**と**長期記憶**、**作業記憶**と**意味記憶**、**エピソード記憶**、**意図的記憶**と**偶発的記憶**、**潜在的記憶**、**メタ記憶**などの他にも**手続き的記憶**と**宣言的記憶**の違いも、学校での学習に関わる重要な概念です。古代ローマ時代のキケロの頃から、効果的な記憶方法は**記憶術**としていろいろな技法が使われてきています。これも調べてみましょう。

　思考についての研究は、言語や記憶にくらべるとまだ研究方法も模索中の段階です。思考の数学的なモデルの一つとして**ゲーム理論**があります。人工知能研究の一分野として**意思決定理論**があり、**決定木分析**や**手段目標分析**などの技法が考案されています。論理的推論における**演繹的推論**と**帰納的推論**の違いについても自習してください。本文で紹介した**収束的思考**と**拡散的思考**は、ほぼ同じ意味で**垂直思考**と**水平思考**と呼ばれることもあります。

　経済学では人が完全に合理的に思考することを前提に理論がつくられてきました。これに対し、**カーネマン**らの認知心理学者は

第 4 章　言語・記憶・思考（EP1）

人間が必ずしも**合理的思考**をするわけでないことを多くの実験で示してきました。経済学者の **V. スミス**はこうした心理学の成果と実験的方法を経済学に導入し、**行動経済学**（実験経済学）という新しい分野をつくり、カーネマンとともに 2002 年のノーベル経済学賞を受賞しました。

　学校教育において、学習者は**認知バイアス**のために正しい知識が得られないことが知られています。間違いを犯さないための思考法として**批判的思考（クリティカルシンキング**：critical thinking）が推奨されます。上で紹介した**一般意味論**では、**二値的思考**を止めて**多値的思考**をすることが推奨されています。すでに持っている知識が間違っていると、新しい知識を学んでも、間違った知識に関係付けられてしまいます。教師は子どもたちが「まだ何も知らない」と考えるのではなく、「間違った知識を持っている」という前提で教育をする必要があります。子どもたちの持つ間違った知識は、**素朴概念**や、**ル・バー**などと呼ばれています。

69

第5章

知能と教育（EP1）（EP2）

知能テストの考案者ビネー
Alfred Binet ［1857-1911］

　この章では、**教育心理学の授業で取り扱うべきコアカリキュラム項目**のうち、知能に関する基礎的な理論「(EP1) 様々な学習の形態や概念及びその過程を説明する代表的理論の基礎」について学びます。さらに、知能の測定に用いられる知能テストや、知能テスト開発の歴史、知能テストを使うことへの批判なども取り扱います「(EP2) 主体的学習を支える動機づけ・集団づくり・学習評価のあり方」。

5.1 知能テストの開発

学習について第 3 章で紹介した際に、人間と動物の学習の違いが言葉を使うことにあることを述べました。しかし、人間が動物と大きく違うことはきわめて高い知能をもっていることです。だからこそ、学習する機械も人工知能と呼ばれるわけです。では、知能（intelligence）とはいったい何でしょうか？

「頭が良い」というような表現があるように、昔から人々は、人それぞれに何らかの知的能力があり、それが人によって違っているらしいことに気付いていました。そうした知的能力に注目し、それを測定しようとしたのはフランスの心理学者のビネー（Alfred Binet［1857-1911］章扉に写真）でした。ビネーは、知的な障害が疑われる子どもを診断するために、それまで誰も測定してこなかった「頭の良さ」の基となる能力を測るための方法を考案し、弟子であったシモンと共同で、『ビネー＝シモン知能尺度』（The Binet–Simon Scale, 1905）を考案しました。この尺度は、いくつかの知的な課題を難易度順に並べ、どの程度の難度まで課題ができるかに従って、「相当する年齢」がわかるようにしたものでした。そして、「6 歳相当の難度」の課題までができれば、その子どもの「精神年齢（mental age）」が 6 歳と診断できるようにしたのです。

アメリカの心理学者ターマン
Lewis M. Terman［1877-1956］

ビネーとシモンが考案した尺度を英語圏に導入し、一般に広めたのはアメリカの心理学者ターマン（Lewis M. Terman［1877-1956］）でした。ターマンは 1916 年に自分の所属していた有力大学スタンフォード大学を冠して『スタンフォード＝ビネー知能尺度（Stanford–Binet Intelligence Scales）』を公表しました。このアメリカ版の知能テストでは、単に精神年齢を示すだ

けでなく、実際の年齢（「暦年齢（chronological age)」）との比較によっ
て「知能指数（intelligence quotient：IQ）」を計算するようになってい
ました。現在では、知能の代名詞のように使われている「IQ」という
用語は、ここに起源があります。ターマンは、IQを次のように定義し
ました。こうすると、年齢相当の知的能力がある場合にはIQが100と
なり、遅れがある場合は100より小さな数値となります。

$$IQ = \frac{精神年齢（MA）}{暦年齢（CA）} \times 100$$

知能指数（IQ）の計算式

　知能指数の考案によって、知能テストは知的発達の遅れを診断すると
いうビネーとシモンの当初の目的以外にも活用できることになりました。
それは、子どもたちすべて、さらには一般の人々の「頭の良さ」が測れ
るということです。『スタンフォード＝ビネー知能テスト』が登場した20
世紀初頭には、教育に関わる諸現象を客観的に測定することが推奨され
るようになっていました（「教育測定運動（the educational measurement
movement)」第8章参照）。さらには、第一次世界大戦（1914-1918）が
起こり、職業としての軍人だけでなく、一般の人々が徴兵されて兵隊と
なるという、まったく新しい事態が生まれていました。徴兵されてきた
人々を、軍隊のどんな部署に配属するかには、兵士候補の知能の測定が
必要となり、知能テストが活用されることになったのです。

　知能テストは一人ひとりを個別に検査するものでしたが、それでは学
校で児童生徒の知能を一斉に測定したり、徴兵された多数の人々の知能
を測定したりするには不向きでした。そこで開発されたのが、紙と鉛筆
だけで一斉に実施できる「集団式知能テスト」でした。さらに、1939
年にはウェクスラー（David Wechsler［1896-1981]）が成人用の知能
テストを開発し、その中で新しい知能指数の概念を提案しました。この
新しい指標は知能指数が正規分布することを仮定したもので、同年齢集
団の平均値に相当する知能を100とし、標準偏差が15となるようにし

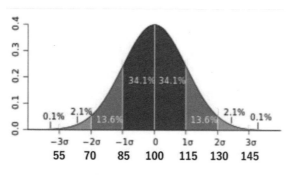

正規分布と偏差 IQ の対応

たもので、「偏差知能指数（deviation intelligence quotient）」と呼ばれます。つまり、偏差 IQ は、同年齢集団内での相対的な位置づけを示したものです（言葉の類似からもわかるように、偏差 IQ は学力偏差値と同じ考え方に基づく指標です）。

　ウェクスラーが新しく導入したもう一つのアイディアは、知能テストの課題を言葉に関わる課題と言葉を使わない課題とに二分し、それぞれを「言語性知能（linguistic intelligence）」と「動作性知能（performance intelligence）」と名付けたことでした。例えば、「切手というのは何のことですか？」という質問は言語性知能測定のための課題ですし、「ひし形模写課題」は動作性知能を測るための課題になります。

　ウェクスラーの導入した偏差 IQ と知能を二分するアイディアは、その後、知能テストの標準となり、現在では IQ というと偏差 IQ のことを意味するようになりました（「quotient」というのは、本来「商（＝割り算の答）」のことですから、偏差 IQ に quotient が使われるのはおかしいのですが、IQ という言葉があまりに広く使われるようになってしまっていたため、この新しい指標にも IQ がそのまま使われるようになりました）。

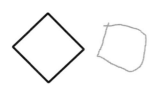

ひし形模写課題（6 歳相当）

第 5 章　知能と教育（EP1）（EP2）

5.2　頭の良さは一元的か多元的か

　知能テストを使って測ることができる「頭の良さ」とは、一体どんなものなのかについて、イギリスの心理学者スピアマン（Charles E. Spearman［1863-1945］）は、統計学を駆使して、ほとんどすべての知的課題に関わる一般因子（g 因子 g factor）と、課題ごとに必要となる特殊因子（s 因子 s factor）があることを見出しました。スピアマンは、学校の子どもたちの成績が、違う教科間でも類似する傾向があることに気づき、その背後にいわゆる「頭の良さ」のような因子があるのではないかと考えました。そしてそれに加えて、数学には数学特有の、社会科には社会科特有の知力が必要とされると考えたわけです。スピアマンは多数の教科の学業成績の間の相関関係を計算するだけでなく、それぞれの成績を取るために必要な隠れた要因を仮定するとデータ全体がうまく説明できることを示し、そうした隠れた要因を「因子（factors）」と名付けました。この統計学的手法は「因子分析（factor analysis）」と呼ばれます。スピアマンは因子分析の考案者としても名を残すことになりました。

　スピアマンに対抗して、その後、いろいろな心理学者が知能の多因子モデルを提唱しました。しかし、私たちが漠然と考えている「頭の良さ」に一番近いのはスピアマンの一般因子だろうと思います。では、その一般因子とは一体何なのでしょうか。脳神経の伝達の速さでしょうか。大脳の特定の部位の大きさなのでしょうか。大脳内の神経細胞の複雑な結びつきの仕方が関わるのでしょうか。残念ながら、一般因子は仮想的な概念のままで、具体的な脳神経

イギリスの心理学者スピアマン
Charles E. Spearman［1863-1945］

活動との対応はまだわかっていません。

5.3 知能は一生変わらないのか

「十で神童、十五で才子、二十歳過ぎればただの人」とも「栴檀は双葉より芳し」とも言われますが、「頭の良さ」、つまり知能は一生あまり変化しないのかどうかも研究者の間で論争がなされてきました。こうした疑問における「知能」とは偏差 IQ のことであり、その背後には学校教育における学力競争があることに注意をしてください。なぜなら、もともとビネーが想定した知能に相当する「精神年齢」（＝どれだけ難しい課題までできる能力があるか）は、年齢とともに上がっていくことが当然と考えられていたからです。一方で、ターマンの考案した IQ を知能と考えたとしても、5 歳で精神年齢が 10 歳相当の子どもは、10 歳では精神年齢 20 歳相当でないと同じ IQ になりません。知能テストはもともと子どもを対象としたものだったため、精神年齢は 16〜20 歳が上限でした。

ウェクスラーが導入した偏差 IQ は「頭の良さ」そのものを示す指標ではなく、集団内での相対的順位を示すものです。実は、偏差 IQ が使われるようになった大きな理由の一つは、多くの心理学者が「知能指数は一生を通じて大きく変化しない」という仮説を持っていたことです。どの年齢で測定しても変化しないようにするために、同年齢集団内の相対的順位を新しい IQ の定義としたのです。ですから、「知能は一生変わらないのか」という疑問は、「頭の良さで順位をつけると、上位（中位／下位）の人は幼い時も成長してからも上位（中位／下位）なのか」ということになります。多くの研究調査の結果がそうした傾向があることを確認しています。偏差 IQ はあまり変化しないと考えて間違いありません。

そうはいっても、体力が青年期までは発達しても、その後、だんだんと衰えていくように、知力も青年期を上限としてその後はだんだん下がっていくことも知られています。一方で、体力とは違って知力の衰え

はそれほど顕著ではありません。また、知力の衰えを「経験知」が補って、むしろ社会で高い地位に就くのは50代、60代になってからというのも珍しいことではありません。そこで、キャッテル（Raymond Cattell［1905-1998］）は1963年に知能を「流動性知能（fluid intelligence）」と「結晶性知能（crystallized intelligence）」に分けることを提案しました。流動性知能が従来からの知能だとすれば、「経験知」のように長い経験によって蓄積されたことで生まれる結晶性知能もあると考えたのです。

5.4　生まれか育ちか：再び

　「頭の良い」子は小さい時から同じ年齢の子どもたちよりも優れていて、それが一生を通じてあまり変わらないのだとすると、知能は生まれつきなのかもしれません。そう、実はすでに第2章「発達と教育」において、知能に遺伝が大きな影響を与えていることが行動遺伝学（behavior genetics）の研究によって明らかにされていることを述べました。そこでも、誤解のないように「知能の個人差」に遺伝が影響しているという説明をしましたが、行動遺伝学で明らかにされた遺伝の影響というのは、子どもたちの知能の差（実際には偏差IQの差）が生じる要因の半分以上が遺伝的な要因であるという意味です。たとえば、Aという子どものIQが85であるのに対し、Bという子どものIQが115だとしたとき、なぜ2人のIQに30もの差が生じたのかの要因の一つに遺伝の影響があり、30の差のうちの半分以上が遺伝的な要因であるということです。

　学校の成績についても、知能が大きく影響することがわかっていますので、学業成績の差がなぜ生じるのかの要因も、同様に遺伝的な要因が

大きく関わっていることになります。あまり勉強をしている様子がないのに、いつも良い成績を取る子がいることや、逆に随分頑張っているのになかなか良い成績が取れない子もいることは、誰もが気付いていることですが、そうした差が生じる原因の一つとして知能の違いがあり、その知能の違いは生まれつきの要因（＝遺伝的要因）で半分以上が説明できるということです。

　第2章でも述べましたが、こうした事実は教育には「不都合な真実」とみなされ、公的には無視されてきました。しかし、成績の差や知能指数の差の半分以上が遺伝的な要因によって生じるのだとしても、残りの半分近くは別の要因によって生じているわけです。少なくともそのうちの一部は環境の要因、つまり教育の効果と考えることができます。「生まれか育ちか」や「遺伝か環境か」のように、どちらかだけを重視するのではなく、すべての要因を考慮に入れた教育をすることが必要なのです。

　知能指数の高い子どもは良い成績を取る傾向があり、知能指数も学業成績も偏差IQと偏差値という集団内の順位で表せるわけですから、一方からもう一方をある程度予測できることになります。そこで、知能指数から期待される値よりも学業成績が低い子どもをアンダーアチーバー（under-achievers）と呼び、逆のケースをオーバーアチーバー（over-achievers）と呼びます。アンダーアチーバーの子どもには、期待される成績までに達しない理由が何かあるのかもしれません。そうした要因

を探し出して、それを解決することで予測どおりの成績を取れるようになることが期待できます。また、オーバーアチーバーの子どもは、過剰な学習を強いられているのかもしれません。教師はそうした子どもの日常生活に気を配る必要もあるでしょう。

第5章　知能と教育（EP1）（EP2）

コラム

この章で取り扱えなかった「知能と教育」の重要項目

　この章では知能について、その開発の歴史、知能とは何かについての論争、知能の遺伝という3つの観点から、どのような研究がなされてきたかを紹介しました。知能テストは常に同じ課題が使われるため、その課題を知っていると高い得点が取れます。そこで、知能テストの個々の課題は非公開になっていますし、一定の期間をおいて改訂がされてきています。現在日本で広く使われているものは、個別式のものとして、ビネー式（**田中ビネー**、**鈴木ビネー**など）、ウェクスラー式（**WISC**など）、カウフマン式（**K-ABC**など）などがあります。知能テストは**優生思想**（eugenics）との関連で批判をされてきています。知能の**性差**や**人種差**などについての研究や、そうした研究における知能テスト課題が文化の違いによって**影響される**という批判もあります。小学校入学前に実施される**就学時健康診断**でも、身体的な診断に加えて知能テストが実施されていて、その是非が論じられるようになりました。知能とは何かについての**スピアマンの2因子モデル**、**サーストンの多因子モデル**、**ガードナーの多重知能説**、についてもインターネットなどでさらに勉強してください。知能指数が時代とともに高くなってきているという**フリン効果**についても調べてみましょう。

　知能と対比されるような種々の能力についての研究もなされてきています。第5章で紹介した収束的思考に知能が関わるとすれば、拡散的思考に関わる能力は**創造性**です。学問的知力よりも、人づきあいの上手さには**社会的知能**が関わると考えられています。同様のものに**感情的知能**（emotional intelligence）がありEQと略称されています。最近、学業成績に知能だけでなく、知能以外の**非認知能力**が関わっていること報告され、注目されています。非認知能力には、勤勉さや我慢強さなどの性格特性が含まれます。上述のように、ガードナーは知能に含まれる能力にこうした多様の能力を含め、**多重知能**という考えを提唱しています。

79

第6章

自己効力感と教育（EP1）（EP2）（EP3）

自己効力感の提唱者バンデューラ
Albert Bandura ［1925- ］

　この章では、**教育心理学の授業で取り扱うべきコアカリキュラム項目**のうち、「（EP1）様々な学習の形態や概念及びその過程を説明する代表的理論の基礎」の中の「様々な学習の形態」として自己調整学習について紹介します。自己調整学習は、自分で目標を定め、計画を立てて、学習状況を確認しながら学びを進めるような主体的な学習を言います。そして、その主体的学習がどのように成り立つのかは、コアカリキュラム項目の「（EP2）主体的学習を支える動機づけ・集団づくり・学習評価の在り方およびその発達の特徴と関連付け」にも関連します。さらには、そうした主体的学習を児童生徒に行なわせるために教師が何をしたらよいのかは、コアカリキュラム項目の「（EP3）幼児、児童及び生徒の心身の発達を踏まえ、主体的な学習活動を支える指導の基礎となる理論」に関わります。実は、その中心となる重要な概念が自己効力感です。

6.1 主体的な学びとは：自己調整学習

　第3章で紹介した発見学習は学習の最も望ましい形態でした。発見学習は学んだことを忘れにくいだけでなく、学習者に喜びを与え、次の発見へのやる気を引き出すようなものだったからです。アメリカの教育心理学者ジマーマン（Barry J. Zimmerman［1942- ］）は、こうした望ましい主体的な学習のサイクルを自己調整学習（self-regulated learning）と名付けました。

　図に示すように、ジマーマンは学習プロセスに一連の段階があり、それぞれが次の段階に影響を与えて、全体として一つのサイクルを作っていると論じました。それぞれの段階がうまくいくと、次の段階もうまくいって、結果的に望ましい学習サイクルができあがります。逆に、それぞれの段階がうまくいかないと、次の段階もうまく行かず、学習全体がうまくいかないという悪循環に陥ってしまうわけです。

　学習の計画の段階では、目標を設定し、適切な学習計画を立てる必要があります。また、その計画は自分にできるものであるという自信ややる気もここで大きく関わる要因です。次の遂行段階では、最もふさわしいやり方で学習を行ない、必要なだけの時間を学習にあてます。学習が順調に進んでいるかについて自分でモニターし、必要に応じて教師に質問をしたり、友達に援助を求めたりします。次の段階では、学習の成果を自己評価し、そうした成績になった原因が何だったのかについて考えます。そして、満足感が得られれば、次の段階へのやる気につながるでしょう。うまく行かなかった場合でも、原因が努力不足であるとわかれば、反省した上で、次の目標設定ができるでしょう。

アメリカの教育心理学者ジマーマン
Barry J. Zimmerman［1942- ］

第6章　自己効力感と教育（EP1）（EP2）（EP3）

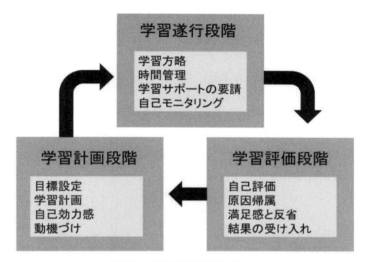

望ましい自己調整学習サイクル

6.2　良い成績と悪い成績の原因帰属

　望ましい自己調整学習がなされない場合には、どこに問題があるのでしょうか。学習の評価段階では、学習結果を変えることはできません。しかし、その結果をどう捉えるかは次の段階に影響を与えます。その重要な働きをするのが原因帰属という行為です。

　オーストリア出身の心理学者ハイダー（Fritz Heider［1896-1988］）は、人々が自分に起こったできごとの原因を内的なものと外的なものに帰属するという帰属理論（attribution theories）を提唱しました。帰属というのは、起こったできごとが「何のせいか」について考えることを言います。仕事に失敗した時に、自分の能力不足や不注意のせいに

原因帰属の4要因

するのは内的な原因への帰属ですし、仕事の困難度やたまたま起こった災害のせいにするのは外的な原因への帰属ということになります。

　アメリカの社会心理学者ワイナー（Bernard Weiner［1935- ］）は、ハイダーの帰属理論を教育場面に適用しました。ワイナーは、帰属される要因を内的と外的に分けるだけでなく、要因のコントロール可能性（controllability）による分類も導入しました。こうすると、図に示すように、努力はコントロールが可能な内的な要因、能力はコントロールができない内的な要因、運はコントロールができない外的な要因というような分類が可能になります。悪い成績だったときに、「今回のテストは難しかったからだ」と考えるような課題要因は、コントロールできないと思えるかもしれませんが、課題の難しさが選択できるような状況を考えてみるとコントロールできることがわかります。例えば、大学入試で難関大学を受験するか、楽勝大学を受験するかは受験する側が決められることです。

　ワイナーは、さらに要因の安定性（stability）による分類もできることを示しました。個人の能力や課題の難易度は比較的安定している要因で、数日の間に能力が高まったり課題が易しくなったりすることはありません。これに対し、努力するかしないかは気分次第で簡単に変化しますし、運はそれ以上に変化が激しいものです。

　良い成績を取った生徒が、その成績が自分の能力によるものだと考えれば自信をつけて次の段階に進めるでしょう。同じように良い成績だった場合でも、努力したからだと考える学習者は、また次も努力しようと考えるでしょう。どちらの場合でも、運が良かったからだと考えるような学習者よりも、次の学習に向けての意気込みが違ってくるはずです。逆に、悪い成績の場合には、自分に能力がないからだと考えるよりも、努力が足りなかったからだとか、今回は単に運が悪かっただけだと考える方が、次への学習に繋がりやすいでしょう。

　つまり、どんな成績もそれを何のせいにするかは本人次第であるということになります。良い原因帰属をする生徒（以下「良い生徒」と呼ぶことにします）は、良い成績を運のせいとはせずに自分の能力や努力の

第 6 章　自己効力感と教育（EP1）（EP2）（EP3）

せいと考えて、さらに良い成績をとるようになります。逆に、悪い帰属をしてしまう生徒（「悪い生徒」）は、悪い成績を自分の努力不足のせいだとは考えずに、「どうせ自分には能力がないのだ」と考えてしまい、自信もやる気もなくしてしまうかもしれません。では、何が「良い生徒」と「悪い生徒」の違いを作り出してしまうのでしょうか。

6.3　自己調整学習を引き出す隠れた力：自己効力感

　カナダの心理学者バンデューラ（Albert Bandura［1925- ］章扉に写真）は、まだ行動主義心理学が盛んだった頃から、ブルーナーやオーズベルと同様に、人間の学習には内的な要因が大きく関わっていると考えていました。バンデューラはネズミやハトと違って、人間は他人の学習を見ているだけでも学習ができるという特性に気づき、それを「観察学習（observational learning）」と名付けました。さらには、それを拡張して社会的学習理論（social learning theory）を提案しました。

　バンデューラはさらに人間の内的な要因の重要性を追究し、そもそも人が何かをするのは、「自分にはそうした何かをできる能力がある」という信念のようなものがあることを見出しました。もっとシンプルな言い方をすると「人はできると思うことをする」ということになります。例えば、ネット上に上がっているクイズを解いてみようと思うのはどんな時でしょうか？　クイズを解いても、賞品が貰えるわけではなく、解かなくても別に困るわけではないのに、なぜあえて時間をかけてまでクイズを解こうとするのでしょう。結局、「自分なら解けそうだ」という自信があり、その自信を確認するためではないでしょうか。逆に、人は自分がやれそうもないことをやろうとはしません。やれると思うからこそ、やる気が起こるわけです。

　バンデューラは、こうしたやる気の根源のような信念に「自己効力感（self-efficacy）」という名前をつけました。バンデューラが提唱した自己効力感理論はすぐに人々の関心を集め、心理学者だけでなく、経済学者や政治学者、法学者など他の学問分野の研究者にまで影響を与えるに

至りました。バンデューラが1977年に自己効力感について書いた論文は7万件近い被引用件数があります（ノーベル賞の京都大学山中先生のiPS細胞論文の被引用件数が約2万件ですから、その3倍以上です）。

　自己効力感は、もちろん教育心理学者にも大きな影響を与えました。上の節で未解決だった「同じ成績をとっても、それをやる気に繋げる生徒と逆にやる気をなくす生徒がいるのはなぜか？」という疑問は、自己効力感を考えることで説明することができるからです。悪い成績を取っても、自己効力感を強く持っている生徒は、「今回は努力が足りなかっただけで、次はできるから頑張ろう」と考えるでしょう。逆に、自己効力感が低い生徒は、次もやれそうもないと考えてしまうわけです。

　自己調整学習の3つの段階のうち、学習の遂行段階がうまく進むためには、学習者が主体的に取り組むことが必要です。そのためには、主体的に学習しようとする姿勢を学習者があらかじめ持っていなければなりません。ここでも、そうした姿勢を生み出す基となるものは、自己効力感なのです。

　もちろん、図にも示されているように、学習の計画段階でも自己効力感が大きな働きをします。目標を立てる際にも、自分がどれだけできるか（できそうか）についての見通しが重要となりますが、それはまさに自己効力感そのものです。結局のところ、自己調整学習ができて、望ましい学習サイクルで学習ができるような生徒は高い自己効力感を持っている生徒なのだということになります。

　自己効力感には、領域を超えてすべてのことのやる気の根源となるような一般的自己効力感（general self-efficacy）と特定の課題だけについての領域固有自己効力感（task-specific self-efficacy）があると言われています。また、自己肯定感（自尊心：self-esteem）や日常的に使われる自信（confidence）のようによく似た概念の言葉もあります。直接に測定することができないものなので、研究者によって違う命名がなされているだけとも考えられます。細かな違いよりも、学習のためには学習者自身が「自分にはできる」というポジティブな感覚が重要な働きをしているということがわかれば十分だと思います。

第 6 章　自己効力感と教育（EP1）（EP2）（EP3）

6.4　自己効力感を高めるために教師ができること

　それでは、生徒の自己効力感を高めるために学校の教員は何をすれば
いいでしょうか。バンデューラは自己効力感を高める方法として以下の
4 つを上げています。

①達成経験（mastery experience）：何かを達成したり成功したりし
　た経験
②代理経験（vicarious experience）：他人の達成経験の観察
③言語的説得（verbal persuasion）：言語的な励まし
④生理的情緒的高揚（emotional & physiological states）：酒や薬物な
　どによる生理的な気分の高揚

　これらの中で、最も重要なのは①達成経験です。誰でも、何かを成し
遂げることで、「自分はできる」という感覚を持つからです。次の②代
理経験は、バンデューラが自己効力感理論を提唱する前から主張してい
た観察学習のことです。本人が達成しなくても、他人が達成する様子を
観察するだけでも自己効力感を高める効果があるというわけです。③言
語的説得は、「君ならできる」と他人から説得されたり、自分で自己暗
示をかけたりするようなことです。そして、④生理的情緒的高揚はお酒
を飲むと気分が大きくなって、何でもできるかのように感じてしまうこ
とです。

　それぞれ確かにそうだと思えることですが、改めて考えてみると、④
以外は教師なら誰でもすでに行なっていることです。ふだんから、教師
は生徒たちに「できそうな問題」を出して①達成経験をさせようとして
います。学校では、生徒が達成経験をする場面を他の生徒が②代理経験
しています。教師はさらに「○○君を見てみろ、君も同じようにできる
はずだ」と観察学習を促しています。もちろん、③の言語的説得も教師
がしていないはずはありません。にもかかわらず、高い自己効力感を持
ち望ましい自己調整学習サイクルを維持できている生徒とそうでない生

徒が出てきてしまうのはどうしてなのでしょうか。自己効力感も知能と同じように生まれつきのもので、教育によって変えることはできないのでしょうか。

6.5　成功経験、自己効力感、自己調整学習、成績向上の望ましいサイクルの実現

　最後に、著者自身が行なった研究を紹介します。バンデューラの論文が数万件の論文に引用されていることからもわかるように、自己効力感についての研究は世界中で莫大な数がなされてきています。その結果、自己効力感は、学業成績や学習意欲、勤勉さ、社会的地位、収入などと強く関係していることが繰り返し確認されてきました。年少期の自己効力感の高さが将来の職業選択と関わることを示した研究も数多くあります。そうした意味で、自己効力感の重要性はもはや誰も疑うことがないことです。

　しかし、自己効力感が多くの事柄と関係があることが必ずしも「自己効力感が多くの事柄の原因であること」を示しているというわけではありません。例えば、知能が高い人は、学校でも良い成績を取ることが多いでしょうし、その結果、「自分はできる」という自己効力感が高まるでしょう。この時、知能と学業成績と自己効力感は相互に関係があることになりますが、自己効力感は原因ではなく結果にすぎません。だとすると、この場合には、自己効力感を高めたとしても知能や学業成績が高くなるようなことにはならないでしょう。

　因果関係を証明するためには、原因として考えられる要因だけを変化させ、その結果として何が起こるかを実験によって調べなければなりません。そこで、「自己効力感が良い成績の原因であること」を証明するには、何らかの方法で自己効力感を高めると、学業成績も上がるかどうかを実験してみる必要があるのです。実は、これは簡単ではありません。

　前節で紹介したように、自己効力感を高めるには４つの方法がありますが、そのうちの最も重要なものは成功経験（達成経験）です。そこ

第6章　自己効力感と教育（EP1）（EP2）（EP3）

で、心理学の実験で被験者の自己効力感を高めようとすると被験者に成功経験をさせなければなりません。しかし、被験者に何か課題をやらせて成功経験をさせるためには、被験者がその課題を達成できるような能力をもともと持っている必要があります。すると、「成功経験によって自己効力感を高めた被験者」が、別の課題で良い成績をおさめたとしても、「もともと課題に成功する能力を持っていた被験者は別の課題でも良い成績が取れた」というだけのことになってしまうのです。

内田・マイケル・守（2018）は、アナグラム課題（文字を並べ替えると意味のある言葉になるという言葉遊び（anagrams）を使って、一部の生徒だけに易しい課題を提示し、他の生徒よりも良い成績を取らせるという方法を考案しました。「ものたから」と「もらかのた」はどちらも並べ替えると「たからもの」という意味のある言葉になりますが、「ものたから」の方が「もらかのた」よりずっと簡単に正答が見つかります。そこで、生徒のもともとの能力が同じくらいだったとしても、「ものたから」の方がよくできるはずです。

内田らの実験では、難しさの違う2種類のアナグラム課題を同じス

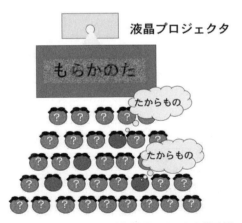

内田・マイケル・守（2018）で使われた映像提示トリックの概略図　同じスクリーンに提示された2種類のアナグラム課題が偏光サングラスをかけるとどちらか一方だけしか見えなくなる。

クリーンに同時に提示しました。しかし、映像提示トリックを使って、一部の生徒には易しい課題だけが、残りの生徒には難しい課題だけが見えるようになっていました。その結果、易しい課題を見た生徒は、他の生徒よりも良い成績を上げることができ、自己効力感が高くなったことが確認できました。

　ここで重要なことは、もともとの能力が同じくらいだった生徒のうちの一部の生徒だけの自己効力感を高めることができたことです。すべての生徒の学業成績を1年間にわたって追跡調査したところ、自己効力感を高めた生徒は学業成績が向上することが確認できました（ただし、学業成績が上がったのは男子生徒だけで、女子生徒は自己効力感が高くなっても成績が向上することはありませんでした）。この研究は、「自己効力感が高くなると、やる気が出て、学習の遂行段階に良い影響を与え、その結果、成績の向上に繋がる」という自己調整学習サイクルの因果関係を実証した貴重な研究としてアメリカ教育研究学会の専門学術誌に公刊されました。

　この研究で明らかにされたことは学校教育にとって重要なことです。自己効力感は生まれつきのもので変えられないものなのではなく、教師が工夫すれば高めることができることがわかりました。さらには、自己効力感がそうした働きかけによって高められた場合でも、学業成績の向上に繋がることもわかりました。もう一つ、この研究からわかった大事なことは、アナグラム課題で生まれた領域固有自己効力感が一般的自己効力感に拡大していく可能性も示されたことです。実は、こうしたことも学校の教員は経験的に知っていたことです。学業成績が振るわない場合でも、部活動で活躍することで（領域固有）自己効力感を高め、それが一般的自己効力感の向上にもなっている生徒が数多くいることはよく知られていました。だからこそ、教師は生徒が何か得意な

第 6 章　自己効力感と教育（EP1）（EP2）（EP3）

ことを見つけてそれに取り組むことを推奨してきたわけです。

コラム

この章で取り扱えなかった「自己効力感」の重要項目

　この章では人間の学習の最も望ましいスタイルと考えられる主体的学習についての代表的な理論を取り扱いました。**発見学習**（第3章）、**自己調整学習**（本章）は、最近注目されるようになった**アクティブラーニング**へと繋がってきています。それぞれの違いを考えながら、理解を確認してください。自己調整学習における**目標設定、学習計画、学習方略、自己モニタリング、自己評価**などの概念については各自がインターネットなどで自習してください。**動機づけ**については、第7章で詳しく説明します。

　自己効力感理論における**結果予期**と**効力予期**の違いについて調べて見ましょう。自己効力感とよく似た概念である**自己肯定感（自尊心）**や、**自己啓発、ポジティブシンキング**についても調べてみましょう。

　自己効力感の反対が**無力感**（helplessness）です。自己効力感を高める方法の逆の方法を使えば、人を**無気力**にすることができます。逃れられない状況下で電気ショックを与え続けて、イヌを無気力にした**学習された無力感**（learned helplessness）の研究についても調べてみてください。教師が生徒を無気力にしようとするはずはありませんが、できないことを強要し続けることで生徒に無力感を植え付けてしまっている可能性があるかもしれません。

第7章

動機づけの心理学（EP1）（EP3）

報酬が内発的な動機を減衰させること
を見出したデシ
Edward L. Deci ［1942-　］

　この章では、**教育心理学の授業で取り扱うべきコアカリキュラム項目**のうち、「(EP1) 様々な学習の形態や概念及びその過程を説明する代表的理論の基礎」について学びます。特に、動機づけについての代表的な理論を紹介します。まず、動因と誘因の区別を述べ、「やる気」は生理的な欲求とは違うことを示します。次に、欲求に関する代表的な理論を紹介しますが、ここにも「やる気」は含まれていません。最後に、「やる気」とは知的好奇心が引き起こす内発的な動機であることを説明し、広く使われている「内発的動機づけ」という用語に学習者と教育者の視点の対立が隠されていることを論じます。

7.1 動因と誘因、そして第3の要因

学ぶ力（知能、第5章）があり、それを自覚していて（自己効力感、第6章）も、それだけで生徒が学ぼうとするわけではありません。「人はできると思うことをする」（自己効力感）だけでなく、「人はやりたいと思うことをやる」からです。つまり、もう一つの欠かせない要因は「やる気」です（「やる気」があっても、やれる能力がなければできませんし、やる気もやる力もある場合でも、「自分にやる力がある」と思えない場合には、人はやろうとしないものです。学校での学習も、これら3つが揃わないとうまくいかないことになります）。

行動だけを研究対象としていた行動主義心理学の時代には、もちろん「やる気」のような目に見えないものは研究対象とはされず、代わりに動因（drives）と誘因（incentives）という2つの要因が行動を引き起こすと考えられていました。動因とは人間や動物など行動する主体の内部に存在する「行動に駆り立てる要因」のことです。例えば、空腹なネズミが餌を求めて迷路を動き回るのは、食欲（appetite）が動因であると考えます。一方、誘因というのは、この例での餌のように、生物の外にあって動因を引き起こす要因となるものです。行動主義心理学ですから、ここでは空腹「感」とかやる「気」のような動物の心の働きは考えないで済むような説明をしていたわけです。

行動主義心理学の時代に、ネズミやハトではなく、アカゲザルを使った研究をしていたハーロウ（H. F. Harlow [1905-1981]）は、サルに「知恵の輪」のようなパズルを与えて、どれだけ早く課題ができるようになるかについて学習実験を行なっていました。その時、ハーロウはサルが何も報酬を与えなくとも、このパズルを一生懸命に解

アカゲザルの子ども

第 7 章　動機づけの心理学（EP1）（EP3）

こうとすることに気がつきました。いったいなぜ、サルはこのパズルに熱中するのでしょう。パズル自体は食べられる物ではなく、パズルを解いても報酬がもらえるわけではないのです。ネズミやハトの研究では気づかなかった何か別の欲求がサルの行動の動因となっていたのです。ハーロウは、サルには「パズルをやりたがる内的動因」があることを発見したのでした。これは人間の子どもが何かを自発的に学ぼうとするときの動因でもあります。いったい、この欲求はなんなのでしょうか。

7.2　欲求の階層構造

そもそも人間や動物にはどんな欲求があるのでしょうか。アメリカの心理学者マズロー（A. H. Maslow［1908-1970］）は、欲求を5段階に分類し、下位の欲求は人間や動物に共通しているが、上位の欲求は人間だけのものであるという「欲求の5段階説（Maslow's hierarchy of needs）」を提唱しました。食欲や性欲のような生理的欲求は、どんな動物も持っているような本能であると考えられます。こうした下位の欲求

マズローの欲求5段階説
（Maslow, 1943）

ケンリックの修正版欲求階層説
(Kenrick et al. 2010)

　が満たされると、上位の欲求が起こってきます。そしてマズローは、すべてが満たされた最後に来る最高位の欲求は自己実現（self-actualization）であると考えました。自己実現とは、「自分の可能性を最大限に発揮して自分らしく生きること」を達成することです。
　しかし、マズローの5段階説は科学的な裏付けがあるものではありません。動物には下の階層の欲求しかないのに対し、「人間には高尚な欲求がある」という説は人々に受け入れられやすかっただけで、動物を下に見るような発想も科学的とは言えません。進化心理学者のケンリック（Douglas T. Kenrick [1948-]）らは、動物と人間の連続性を考慮した、より科学的な欲求の階層構造を提案しています。ケンリックらの階層構造で最も上位に来る欲求は子育て(parenting)です。人間も動物も報酬が与えられるわけではないのに、子育てに励み、動物はわかりませんが、少なくとも人間はそれに強い喜びを感じます。そして、その喜びを得るために、パートナーを見つけたいという欲求があるわけです。

第7章　動機づけの心理学（EP1）（EP3）

パートナーを見つけるためには、社会的な地位を確保しなければならず、そのためには社会の一員とならねばなりません。さらにそのためには、自分の身を守り、また生きるための種々の生理的欲求を満たさねばなりません。このように、ケンリックらの段階説では階層構造が無理なく作られています。

　では、サルがパズルを解こうとしたり、子どもが学ぼうとしたりするような欲求はこの階層のどこに位置付けられるのでしょうか。マズローの説では「承認／尊敬」が該当しそうです。ケンリックの説では「集団への帰属」や「社会的地位」のために学ぼうとすることになります。しかし、サルが承認欲求や尊敬欲求、社会的地位のためにパズルを解こうとしていたとは思えません。サルや人間の子どもたちを（そして、大人も）学びに駆り立てるような欲求はもっと根源的なものです。

7.3　内発的な動機

　アメリカの心理学者デシ（E. Deci［1942- ］章扉に写真）は、のちに世界中の教育心理学の教科書に記載されることになる画期的な実験研究の成果を1971年に発表しました。デシは、ソマキューブという当時人気だった立体パズルを大学生被験者に解かせ、報酬の効果を調べました。実験は3日間かけて行なわれ、1日目は、すべての被験者が報酬なしでパズルを解きました。次の2日目には、半数の被験者は報酬なしのままでしたが、残りの半数にはパズルができるたびに1ドルの報酬を払いました。当然ですが、報酬をもらえる被験者の方がたくさんのパズルに挑戦しました。最後の3日目、「もうお金がなくなってしまった」からと理由を告げて、また全ての被験者に無報酬でパズルをやってもらいました。すると、今度は2日目に報酬をもらっていた被験者の方がパズルをやらなくなってしまったのでした。

　デシは、この実験結果を「外的な報酬の内発的動機に及ぼす影響（Effects of externally mediated rewards on intrinsic motivation）」というタイトルの論文にして社会心理学の権威ある学術誌に公刊しました。

デシは、被験者たちがパズルを楽しんでやっていたのは、内発的動機（intrinsic motivation）によるものだと考えたのです。この内発的動機こそが、デシの被験者の大学生や、ハーロウの実験のサルを課題に向かわせていた内的な要因だったのです。

　デシの実験が明らかにした重要なポイントは2つあります。そのうちの1つは、ハーロウが考えたように、パズルそのものを解きたいという欲求があることを巧妙な実験で確認したことです。こうした欲求は、被験者自身の心の中にある内的な動機なのです。デシの実験に参加した大学生や、ハーロウの実験のサルだけでなく、人間の子どもたちにもこうした欲求があることも間違いないことです。

　デシが明らかにしたもう1つの重要なことは、こうした内発的動機は、外から報酬が与えられることで、かえって減衰してしまうことを実証したことです。実は、ドシャーム（Richard De Charms [1927-]）やフェスティンガー（Leon Festinger [1919-1989]）などの心理学者も彼らの理論から同じことを予想していました。ドシャームは自分の行為の原因を自分自身に帰属するか、それとも外的な要因に帰属するかが、行為者としての自分自身に大きく影響することを論じています（統制の位置理論 theory of locus of control）。ドシャームの理論によれば、外からの報酬が与えられるようになると、パズルを解く行為の原因が自分の外にあるようになってしまうと考えました。フェスティンガーは「人間は自分自身の行為に合理的な一貫性がない状態を嫌う」という仮説を立てました。合理的な一貫性がない事柄を頭の中にしまっておくことは、「認知的な不協和」を引き起こすので、人はそれを避けるような行動をとりがちであるというのです。この認知的不協和理論（cognitive dissonance theory）によれば、「楽しいから解いていたパズル」だったのに、一度「お金が貰えるから解くパズル」に変わってしまうと、「"お金を貰えるから解くパズル"をお金が貰えないのに解く」という不協和が生じてしまうことになります。そこで、不協和を解消するために、パズルを解くことをやめてしまうというわけです。

第7章　動機づけの心理学（EP1）（EP3）

7.4　知的好奇心

　カナダの心理学者バーライン（Daniel E. Berlyne［1924-1976］）は、人間が持つ好奇心（curiosity）についての先駆的な研究者でした。バーラインは、好奇心が食欲や性欲のように、知識欲としてそれ自体が動因となることを論じました。つまり、人間は「知りたい」という根源的な欲求を持っているということです。ハーロウやデシらが見出した内発的な動機もこの好奇心（curiosity）だと考えることができます（ハーロウの研究でもわかるように、サルなどの知能の発達した動物にも好奇心があるということです）。

　日本における認知心理学の先導者の一人であった波多野誼余夫［1935-2006］は、稲垣との共著『知的好奇心』（中公新書 1973 年刊）の中で、ハーロウやバーラインらの研究を紹介し、「知的好奇心」という言葉を日本に広める大きな働きをしました。波多野と稲垣はこの著書で、「人は外から働きかけられないと怠けてしまう存在である」という広く信じられている人間観を否定し、「人は自ら学習しようとする能動的な存在である」ことを主張しました。動物の学習から得られた研究成果を人間に応用し、人間の学習も外からコントロールできると考えた行動主義心理学やそこから生まれた教育心理学の学習観は、まさに「人間怠け者説」でした。学校の教師だけでなく、会社などの組織でも指導的立場の人々は、伝統的に「人は生来怠け者である」という見方をしてきました。しかし、私たちには知的好奇心という内発的な動機があり、知りたいという欲求を本来持っているもの

波多野誼余夫・稲垣佳世子著『知的好奇心』（中公新書 1973 年刊）

99

なのです。食欲や性欲と同じように、知識欲や探求欲という基本的な欲求があるということです。

　第5章で述べたように、人間の最も顕著な特徴は高い知能を持っていることでした。そして、第6章で述べたように、そうした能力を持っていることを自覚していること（自己効力感）が、「やる気」の根源になるのでした。さらに、その「やる気」そのものとなるのは、知りたいという知識欲である知的好奇心であることもわかりました。知能、自己効力感、知的好奇心の3つが揃えば、主体的な学習者となることができるのです。というよりも、人は誰でもこの3つを持っていて、誰もが主体的な学習者なのだというのが波多野・稲垣の主張でした。

7.5　学習者の主体性か、教員側の働きかけか

　ここで、第3章において述べた「学習者の主体性を重視するか、学習者を支援する教員側の働きかけを重視するか」という対立が再び登場します。日本で公刊されている教育心理学の教科書には、必ず、「外発的動機づけ（extrinsic motivation）と内発的動機づけの対比」が述べられていて、子どもたちの主体的な学習のためには内発的動機づけを重視するべきであることが論じられています。内発的動機づけが報酬を与えることで弱められてしまう現象には「アンダーマイニング効果（undermining effect）」という命名がなされ、外的な報酬を与えることへの警告とされます。

　実は、こうした他の教育心理学教科書とは違って、この本では「内発的な動機」という用語を使い、外発的な動機づけとの対比もしませんでした。ここでは、なぜ、広く用いられている用語をあえて使わなかったのかを説明し、学習者と教員側の立場の対比について述べてみたいと思います。

　まず、英語の motivation は動機のことであり、動機づけという意味ではありません。そこで、原語の intrinsic motivation は「内発的な動機」なのです。しかし、日本では動機づけという用語が定着しています。

第 7 章　動機づけの心理学（EP1）（EP3）

　私の調べたところ、motivation を動機づけと訳した最初の本は M. ガードナー『社會的動機づけ』（東・永野訳、1958 年みすず書房刊）のようです。もう半世紀以上も昔のことです。なぜ、日本の代表的な教育心理学者であった東と永野は、motivation に「動機」ではなく「動機づけ」という用語をあてたのでしょうか。

　もう 1 つ注目してもらいたいのは、内発的にあたる英語は intrinsic で、この言葉には「自然に中から湧き出してくる」というような語感があることです。そこで、中から自然に湧き出るような動機に、動機づけるという外からの働きかけを意味する言葉をあてるのは矛盾したことなのです。

　おそらく「動機づけ」という用語は、「条件づけ」との対応を意識したものだったのでしょうが、心理学がもともと人々をコントロールするための学問という性格を持っていたことがこうした用語法に現れてきたのだと思います。上に述べたように、教育心理学では、外発的動機づけと内発的動機づけを対比させ、主体的な学習のためには内発的動機づけを重視するべきであると論じます。しかし、そこにはどうしても子どもたちをコントロールしようとする教育側の思惑が入り込んでしまうのです。外発的に動機づけようとしてきたことを反省しながらも、ついつい内発的にも動機「づけ」てしまいたくなってしまうのです。

　内発的な動機が報酬を与えることで弱められてしまうアンダーマイニング効果は、外的な報酬を与えることへの警告とされています。しかし、同じことは金銭的な報酬だけでなく、成績が良かった子どもを褒めるような場合にも起こりうることです。内発的な動機によって勉強をしていた子どもは、褒められることで、褒められるために勉強するようになってしまうかもしれません。その結果、アンダーマイニング効果で内発的な動機は弱められてしまうでしょう。これは、教師が直接褒め言葉をかける場合だけの話ではありません。学校で頻繁に行なわれるテストでは、高い点数を取ること自体が賞賛の意味を持っています。すると、初めは内発的な動機で勉強していた生徒も、高い点数を取るために勉強するというように動機が変わってしまう恐れがあります。

子どもたちが主体的に学習するようになるためには、教師の側からの
働きかけを一切止めてしまうべきなのかもしれません。主体的な学びを
奨励しながらも、学校教育制度自体が、児童生徒の内発的な動機を減衰
させ、教師の思いどおりに動くような主体性のない存在を作る機能を
持ったものであるという矛盾に気づく必要があります。

コラム

この章で取り扱えなかった「動機づけ」の重要項目

　この章では人間を学習に駆り立てる動機についての代表的な理
論を取り扱いました。生理的欲求は大脳生理学によって、そのメ
カニズムが解明されてきています。生理的欲求の中枢となるよう
な**空腹中枢**、**満腹中枢**などや、体内の状態を一定に保つようなメ
カニズム（**ホメオスタシス**）について調べてみてください。人間
に特有な動機として、**社会的動機**があります。**親和動機**、**達成動
機**についてもインターネットなどで意味を確認してください。

　性欲は生物が遺伝子を存続させるための根源的な欲求です。**精
神分析学**の始祖**フロイト**は**性欲（リビドー）**を中心とした人間の
モデルを提唱しました。**エス（イド）**、**自我**、**超自我**などフロイ
トのモデルはマズローの欲求段階説と同様に科学的な根拠がある
ものではありませんが、根強い人気があります。**自我防衛機制**と
しての**投射**、**昇華**、**反動形成**などは、学校教育ではよく使われる
用語です。

第8章

教育における評価（EP2）（EP3）

教育目標分類の重要性を唱えたブルーム
Benjamin S. Bloom ［1913-1999］

　この章では、**教育心理学の授業で取り扱うべきコアカリキュラム項目**のうち、もう一度、基礎的な理論に戻り、科学的な測定について学びます（EP1：様々な学習の形態や概念及びその過程を説明する代表的理論の基礎）。さらに、そうした基礎的な理論を踏まえて、「（EP2）主体的学習を支える動機づけ・集団づくり・学習評価のあり方のための、測定や評価の方法や理論」を学びます。

8.1 測定・評価：教育評価の歴史

中国には科挙という試験制度が6世紀末から20世紀初めまで1,300年間も続いていました。学校で普通に行なわれているテストの起源はこんなにも古いのです。と言いたいところですが、実はそうでもないのです。日本の学校制度は明治維新後に西欧の学校制度をモデルに作られました。その後、第二次世界大戦後はアメリカの教育制度が導入されました。そのモデルとなった欧米では試験や評価に関してそれほど歴史があるわけではありません。フランスのバカロレアを導入したのは19世紀のナポレオンですし、ドイツの大学入試資格試験アビトゥーアも19世紀からのものです。

教育測定

試験によって生徒たちの成績を測定することが重視されるようになったのは、20世紀の初頭に始まった「教育測定運動（the educational measurement movement）」からと考えられます。ここでもアメリカの教育心理学者ソーンダイクが活躍をしました（第1章と第3章も参照してください）。ソーンダイクは、1904年に出版した本『心と社会の測定理論入門（An Introduction to the Theory of Mental and Social Measurements）』で、科学的な測定方法によって、学習者の学習状況だけでなく、教える側からも教育の効果を客観的に測定することを提唱しました。こうした主張は教育測定運動としてアメリカだけでなく広く世界の教育界に影響を与えました。ソーンダイクはそのため「教育測定運動の父」とも呼ばれるのですが、実は1950年代に教育測定の分野で活躍したロバート・ソーンダイク（Robert T. Thorndike）は実の息子ですから、文字どおり「父」だったわけです。

ソーンダイク（父の方）は、多くの教育者が「昔に比べて今の生徒はできが悪い」と嘆いているのに対し、過去の生徒の試験成績を調べて、昔も今も成績に客観的な違いはないことを示してみせました。そして、こうした主観的な評価を正すためにも、客観的なテストによって生徒た

ちの成績を測定するべきであると主張したのでした。

　ところが、同じ時代のアメリカの教育哲学者デューイ（John Dewey ［1859-1952］）は教育測定運動に批判的でした。それは、ソーンダイクらが開発したテストによって測定できるものは教育の一面に過ぎず、量として表わせない多くの質的な側面がかえって軽視されることになることを危惧したものでした。

教育評価

　教育学の重鎮であったデューイの批判もあって、その後、教育測定運動はやや下火になっていきました。しかし、教育の効果を科学的に測定することの重要性は、その後も繰り返し提唱されるようになります。戦後、1950年代に入ると、統計学の進展とともに「テストの標準化（standardized tests）」が理論化され、改めて教育における客観的評価の重要性が認識されるようになりました。

　こうした新しい動きは新しい名前で「教育評価（educational evaluation）」と呼ばれるようになりました。今も、広く使われる絶対評価と相対評価や、学校での5段階評価、偏差値などが考案され使われるようになったのも1950年代以降です。

　教育測定と教育評価は歴史的に「2つの波」となったものでしたが、日本には戦後に同時にその波が届いたことになり、両者が混同されることになりました。さらには、無理に違いを見出そうとして、「測定はただ測ることであるのに対し、評価はそれに価値判断を加えるものだ」という間違った解釈がされたりもしました。

8.2　ブルームの教育目標のタキソノミーと絶対評価

　教育評価の研究で重要な働きをした学者を一人挙げるとすれば、ブルーム（Benjamin S. Bloom［1913-1999］章扉に写真）ということになるでしょう。ブルームは、評価を考える前に、「何を教育するのか」について厳密に精査することを考えました。そして、教育内容を細かく

分類し、それぞれを習得させることが教育の目標であり、評価とはそれができているかどうかを確認することだと考えたのです。

タキソノミー

　ブルームは、1956 年に『教育目標の分類（*Taxonomy of Educational Objectives*）』という本を出版しました。ブルームはこの本で、教育を行なうには、その目標をより細かな目標に分類していくことが重要であることを主張しました。こうしたブルームの考えは「分類」の英語をそのままカタカナにして「タキソノミー」として知られるようになりました。

　例えば、小学生にかけ算を教えよう（大目標）とするとき、まず一桁の九九（中目標）を覚えさせます。さらに、その九九は「2 の段（小目標 1）」「5 の段（小目標 2）」などとさらに分類できます。最終的には「3 × 3 ＝ 9」を覚えること（最小目標）を 81 個できるようになればいいわけです。このように教育目標を細分化していけば、学習者にとっても目標が具体的になって、学習が確実に進んでいくことになります。

絶対評価と完全習得学習

　ここで重要なことは、一つひとつのかけ算や、段ごとのかけ算が、「できるかできないか」という明確な評価ができることです。このように「できるかできないか」は、評価の原点とも考えられます。これが「絶対評価（absolute evaluation）」です。ブルームは、1968 年に、学習を進めるには「目標の一つひとつを完全にマスターすることが不可欠である」と考え、それを「完全習得学習（mastery learning）」として理論づけました。「一つの段階が完全にできるようになってから次の段階に進む」という原理は、自動車教習所などでも使われていますし、公文式学習塾などでも活用されています。

　「8 割できるようになれば十分」と思っても、次の段階でも 8 割、さらに次でも 8 割と積み重なっていけば、0.8 × 0.8 × 0.8……となって、3 段階目には半分程度（0.512）しかできないことになってしまいます。

106

第 8 章　教育における評価（EP2）（EP3）

しかし、現実の学校教育では、多くの場合 6 割もできていれば「合格」
となって、次の段階（学年）に進めるのが普通です。その結果、わから
ないことがだんだん積み重なって、いわゆる「落ちこぼれ」の児童生徒
が出てきてしまうのです。ブルームの主張はどうして学校では取り入れ
られてこなかったのでしょうか？

教育目標の分類の難しさ

　ブルームのタキソノミーの考え方は誰もが賛同するものでしたが、現
実には教育目標を分類し尽くすことは容易なことではありません。完全
に分類ができる九九の例はむしろ特殊なものなのです。例えば、「二次
方程式を教える」という教育目標は、どこまで細分化できるでしょうか。
漢字の教育のように「学年別漢字配当表」が決まっていれば、一つひと
つの漢字の読み書きができるようにするという「最小目標」が決められ
ます。しかし、『小学校学習指導要領』の国語の目標である「国語を適
切に表現し正確に理解する能力を育成し、伝え合う力を高めるとともに、
思考力や想像力及び言語感覚を養い、国語に対する関心を深め国語を尊
重する態度を育てる」は、いったいどこまで細分化することが可能で
しょうか。

8.3　妥協の産物としての相対評価とその完成形：偏差値

　教育目標を「できるかできないか」で評価できる最小目標まで細分化
できないかぎり、絶対評価も難しいことになります。国語を適切に表現
できているかどうかは、単純に「できている／できていない」では評価
できないからです。かといって、「ほとんどできている」「だいたいでき
ている」「あまりできていない」のように教師が主観的に評価するので
は、評価結果が教師ごとに違ってしまうことになります。国語の試験を
したとしても同じことです。ある学校である教師が出題した国語の試験
で 90 点をとった生徒は「ほとんどできている」と言えるでしょうか。
同じ生徒が、別の学校の試験を受けたら、30 点しか取れなかったかも

107

しれません。教育目標に基づいて明確な評価基準が定められない限り、正しく評価することはできないのです。

相対評価

そこで、別の観点から評価をする方法が考え出されました。それは、ある学習目標を習得できているかどうかではなく、「その生徒が他の生徒に比べてどれくらい習得しているか」に基づく評価方法です。この評価方法なら、教育目標が分類し尽くされていなくても、大勢の生徒に同じ試験をして、その成績を比較するだけでできることになります。全校生徒の半分より良い成績ならば、学習目標は「人並みに」達成できていると言えるでしょう。これが相対評価「(relative evaluation)」の考え方です。

相対評価は、親が子どもに何かを教えたり、師匠が少数の弟子に技術を教えたりする場合と違って、大勢の生徒をまとめて教える小中学校や高校大学にとって、実施が容易な評価方法でした。また、入学試験のように合格者を入学定員だけ選抜するのにも適していました。入学試験では、どれだけできたかよりも、上位何人までに入ったかが評価されるからです。そこで、学校教育では相対評価が使われるのが普通になりました。

第5章で述べたように、知能テストの開発においても、元々は子ども自身の精神年齢（課題がどれだけできたか）を暦年齢（実際の年齢）に基づいて算出していた知能指数（IQ）を、同年齢集団内での相対的順位である「偏差IQ」とすることが主流となってきていました。特に、集団式知能検査は開発当初から、生徒を順序づけるためのものでした。

偏差値

統計学に基づく教育評価の研究から、いろいろなテストの成績が正規分布することが明らかにされ、そこから「正規分布を想定した評価指標」が考え出されました。正規分布は、左右対称の山形をした分布で、最も高い中心部が平均（mean/average）に当たり、山の広がりの程度

第 8 章　教育における評価（EP2）（EP3）

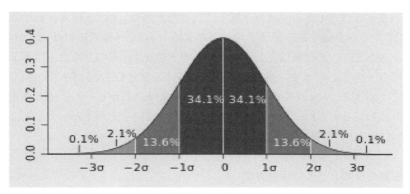

正規分布のグラフ

が標準偏差（standard deviation）によって決まります（付章 3 の①誤差・正規分布　②平均・標準偏差・偏差値も参照してください）。そこで、テスト得点を平均と標準偏差に基づいて標準化することができます。具体的には、個々のテスト得点と平均値との差（＝偏差）を調べると、偏差の分布は必ず平均が 0 となります。さらに、その偏差をそのテストの標準偏差で割った値が標準得点です。標準得点は、平均が 0 で標準偏差が 1 の正規分布となります。その標準得点を 10 倍にして 50 点を加えると、平均が 50 で標準偏差が 10 の正規分布に変換することができます。これが偏差値です。

　偏差値は、元々のテスト得点を平均と標準偏差に基づいて変換した値ですから、個々のテストの得点の平均やバラツキ（＝標準偏差）が違っていても、相互に比較することが可能です。国語のテストの偏差値が 60 点と社会科のテストの偏差値 60 点は、どちらも「その成績が平均より 1 標準偏差分良い」ことを意味するからです。さらに、正規分布の数学的特徴から、偏差値 60 は上位 14％に相当することもわかります。

5 段階評価

　戦後から 2002 年まで半世紀以上にわたって小中学校で使われてきた「5 段階評価（the five-grade evaluation）」も「子どもたちの成績は正規

分布するはずである」という仮定に従ったものでした。5段階評価では、「平均の前後標準偏差分（平均±標準偏差の1/2）」（偏差値では45-55）を3とし、次の標準偏差分だけ上位を4下位を2、そのさらに上位と下位を5と1とします。正規分布に基づけば、全体の38％が3に、24％ずつが4と2に、7％ずつが5と1になります。しかし、ちょっと考えればわかるように、この評価方法では、どんなに学力が上がっても上位7％以内に入らないと5にはなりません。

妥協の産物としての相対評価

　偏差値も5段階評価も統計学的な理論に基づいたものとされてきましたが、「成績は正規分布するはずである」という前提自体が間違っている可能性があります。特に、学級程度の少人数集団では正規分布になることを想定するのはあまりに乱暴です。そして、相対評価とは結局のところ生徒を順序付けしているだけだというもっと根本的な問題点があります。相対評価は絶対評価ができない場合の妥協の産物に過ぎないのです。生徒間の競争を煽るなどの理由から、2002年に文部科学省は全国の小中学校で5段階評価をやめ、絶対評価にするよう指示を出しました。しかし、ちょっと待ってください。絶対評価のための教育目標の分類は十分にできていたのでしょうか。

　教育目標との対応なしに絶対評価はできません。そうはいっても、教育目標を分類することにも限界があります。それでも、文部科学省は「指針のないまま」絶対評価に舵を切ってしまいました。絶対評価に変更された当初はしばらく混乱があったようですが、その後は収まったようです。それは、もう一つの相対評価である偏差値が健在だったからです（文科省は旧文部省時代から、何度か偏差値の追放も試みてきましたが、いずれも失敗に終わっています）。

第 8 章　教育における評価（EP2）（EP3）

8.4　妥協の産物としての種々の絶対評価：ルーブリック評価

　教育における評価の原点が「目標に達したかどうか」であることに間違いはありません。そこで、絶対評価の代わりに「到達度評価（achievement evaluation）」という用語が使われるようになりました。実は、ブルーム自身も単純に絶対評価を推奨していたわけではありません。おそらく、教育目標の細分化には限界があることを考えていたのでしょう。

診断的評価・形成的評価・総括的評価

　ブルームは、教育と評価の望ましいプロセスとして、診断的評価、形成的評価、総括的評価という一連の評価手続きを提案しています。教師は、まず子どもたちが「どこまで学習目標に到達できているか」の「診断的評価（diagnostic evaluation）」を行ない、それに基づいて学習内容や方法を決定します。学習が期待通りに進んでいるかどうかは、「形成的評価（formative evaluation）」によって確認します。形成的評価結果に基づいて学習計画を見直し、さらに次の段階で形成的評価を行ないます。そして、最終的には、学習がどこまで達したかを「総括的評価（summative evaluation）」するというわけです。これは医療における医師の治療過程に似ています。身体の異常を訴えてきた患者をまず診断し、必要な医療措置を施した上で、経過を観察し、最終的に病気が治ったかどうかの判断をして診療の終了とするという流れです。

　ただ、教育においても医療においても、現実にはなかなか想定どおりには物事が進まないものです。数学ができない生徒に診断的評価を試みても、何がどこまでできているのかの診断は容易ではありません。形成的評価を繰り返しても、学習が進まない場合にはどうしたらいいでしょうか。生徒は最終的には、競争社会に出て行くことになります。だとすると、前の 2 つと違って、総括的評価は集団の中での位置付けを考慮したものにならざるを得ないのではないでしょうか。

111

ルーブリック評価

　文部科学省は、2015 年末以降、学習評価のあり方について資料を発表し、その中で「ルーブリック評価（rubrics）」を推奨しています。「ルーブリック」というのは人の名前ではなく、「赤ペン（＝赤で評価を記入すること）」程度の意味です。ルーブリック評価も、基本的にはブルームの考えに沿ったものです。学習目標となる基準（＝評価基準）をできるだけ具体的に定め、それぞれの目標が達成できているかどうかを評価するのがルーブリック評価です。

　では、絶対評価とは何が違うのでしょうか。それは、絶対評価を基礎としつつも、相対評価的要素を加えた折衷的評価であることです。ルーブリック評価では、評価基準が単に達成できているかを評価するのではなく、達成のレベルを 3〜5 段階で評価します。例えば、子どもたちのグループ活動による研究発表の評価基準として、「協力して情報を収集する」という目標（＝評価基準）があったとすると、その目標が「A：高い水準で達成されている」「B：十分に達成されている」「C：なんとか達成できている」と 3 段階で評価するのです。でも、これは「言葉の遊び」にすぎません。「高い水準」「十分に」「なんとか」はどんな基準で決めるのでしょうか。高い水準かどうかは、結局のところ、他の生徒よりも飛び抜けて優れていたというような比較に基づくものにならざるをえません。

8.5　絶対評価のモデル：「学力ストップウォッチ」と TOEFL

　絶対評価が評価の王道であることは誰もが理解しているのに、教育目標の分類がうまくいかないために、どうしても妥協的な評価方法にならざるをえないことを説明してきました。では、望ましい評価方法は実現できないのでしょうか。実は、目標が細分化できていないのに絶対評価で「目標が達成できたかどうか」が評価できることがあります。それは、陸上競技や水泳のような記録を争う競技です。例えば、100メートルを 10 秒

第 8 章　教育における評価（EP2）（EP3）

で走るという目標はストップウォッチで計測することで達成できたかどうかが簡単にわかります。数学や理科の学力を正確に測れるような「学力ストップウォッチ」があれば、教育目標を細分化できなくても絶対評価が可能になるわけです。では、そんな学力ストップウォッチは作れないでしょうか。

TOEFL

　アメリカの大学に入学するためには、TOEFL（Test of English as a Foreign Language）という英語の試験（iBT）で 80 点以上が必要とされます。これは、陸上競技での目標タイムと同様に、目標得点が決められるということです。世界中で年間に何回も実施されているにもかかわらず、なぜ TOEFL の得点は学力ストップウォッチのように英語力の正確な指標となるのでしょうか。

　別々の高校がバラバラに実施している英語の試験と違って、同じ非営利機関（ETS：Educational Testing Service）が実施するからかと思うかもしれませんが、文科省の管轄の大学入試センターが実施する「センター試験」では、実施年度で理科の問題が難しかったり易しかったりで、受験生が一喜一憂しています。単独の機関が実施する試験でも学力ストップウォッチのように使えるものとそうでないものがあるわけです。

　TOEFL では、最新のテスト理論に基づいて問題が作成されていて、いつ受験をしても試験問題の難しさのレベルが一定に保たれているのです。ストップウォッチがいつ測っても同じように時を刻むように、TOEFL はいつ受験しても同じように受験者の能力を判定できるのです。一方、センター試験では、出題者が毎年同じレベルの難しさになるよう努力はしているのですが、出題者の経験と勘に基づくものであるために、年によって難易度が違ってしまうことになります。そのため学力ストップウォッチとしては使えないのです。

項目反応理論

　TOEFL では「項目反応理論（item response theory）」というテスト理論に基づいて問題作成がなされています。TOEFL でも英語力をそのまま測っているわけではありません。ブルームの提唱したように、英語力を構成する要素に分類しています。しかし、分類を最小単位にまでできるわけはありません。そこで、ある程度の要素まで分解したら、その要素が習得できているかどうかを測れるような小問を多数作ります。そして、そうした多数の小問をあらかじめいろいろな英語力レベルの人たちに解いてもらい、各小問の受験者レベルごとの正答率を調べておきます。そして、多数用意した小問からランダムにいくつかを選択して出題します。

　このように、小問（＝項目）ごとに標準的受験者の反応パターンをあらかじめ計測しておくことで、実際の受験者の解答から能力を正確に推測する測定理論が項目反応理論です。各項目の難易度は、問題そのものの難しさで決められるのではなく、別の受験者集団の解答傾向に基づいて定められます。

　最近は、絶対評価を「教育（学習）目標が達成できているかどうかに基づく評価」という意味で「目標準拠評価（criterion-referenced evaluation）」と呼ぶようになりました。また、これに対応して、相対評価は「集団の中での位置付けに基づく評価」という意味で「集団準拠評価（norm-referenced evaluation）」と言います。こうした分類に従うと、項目反応理論を使って作られた TOEFL は集団準拠評価ですから、相対評価の一種であると考えられます。しかし、準拠する集団がテストごとに変わらずに一定に保たれるために、学力ストップウォッチとして絶対評価のように使うことができるのです。

コラム

この章で取り扱えなかった「教育評価」の重要項目

　この章では教育評価について、**絶対評価**と**相対評価**を対比しながら、評価のあり方について論じました。学力を含む人の種々の

第 8 章　教育における評価（EP2）（EP3）

能力や特性を測定することは心理学が科学となるために特に力を入れてきた分野です。**心理測定**の基本として 4 つの尺度（**名義尺度、順序尺度、感覚尺度、比率尺度**）の区別や、**信頼性**と**妥当性**、など統計学の基本的用語については各自で調べてください。なお、統計基本用語の一部は「付章 3」に解説を用意しましたので参照してください。この章では取り扱えなかった、**自己評価、個人内評価、質的評価**、などの用語についても調べて見ましょう。

第9章

社会性と道徳（EP1）（EP2）

利己的遺伝子理論の提唱者ドーキンス
Richard Dawkins ［1941- ］

　この章では、**教育心理学の授業で取り扱うべきコアカリキュラム項目**のうち、社会性の教育に関する基礎的な理論（EP1）を主に社会心理学の代表的研究成果に基づいて学びます。社会性の教育は道徳教育でもあります。道徳や倫理は、思想の歴史的変遷を学び、過去の偉人の教えを知るなど、文系の学問と位置付けられてきました。しかし、道徳心がどのように進化してきたのかという視点から、まったく新しい科学的な研究成果が知られるようになりました。この章では、亀田達也（2017）『モラルの起源』に基づいて、道徳の科学的研究について知り、それを教育にどう活かすかについて学びます（EP2）。

9.1　科学的視点の欠けた道徳教育と道徳の教科化

　小中学校における道徳の授業は、戦前の「修身」に代わるものとして、戦後の学校教育に導入されました。他の教科とは違って、基盤となる学問分野（例えば「道徳学」）があるわけではないために、文部科学省（および前身の文部省）が作成する「学習指導要領（道徳編）」の執筆者も、哲学や倫理学、宗教学、教育学、心理学など幅広い分野の学者・研究者となっています。

　ただし、2011年施行の「学習指導要領（道徳編）」からは、執筆陣の中から心理学者が外されています。それ以前の学習指導要領の執筆に心理学者が加わっていたのは、社会性の発達や道徳心の発達など、道徳に関わる心理学的な研究がなされてきていたからだと思います。心理学的な研究とは、すなわち科学的な研究であり、道徳教育に関して少なくとも客観的なデータを基に論ずる立場の研究者が含まれていたということです。しかし、現行の学習指導要領は文系の学者だけによるものとなり、科学的な視点が不十分なものとなっています。

　その一方で、小学校では2018年度から、中学校でも2019年度から、道徳が教科として位置付けられることになりました。従来の道徳の授業は、試験もなく、成績もつけないものでしたが、これからは試験をしたり、成績をつけたりすることが教師に求められるわけです。学問としての基盤がないままに、教科にすることによる学校現場の混乱は、過去にも「生活科」や「総合的な学習の時間」の創設時にも起こりました。道徳を教科化するのであれば、その基盤として、道徳や倫理についての新しい科学的なアプローチを導入するべきだと考えます。

9.2　道徳への科学的アプローチ：ドーキンスの利己的遺伝子理論

　「学習指導要領（道徳編）」の執筆陣を構成している哲学や倫理学、宗教学、教育学は、いわゆる「文系」の学問分野であり、自然科学からは

第 9 章　社会性と道徳（EP1）（EP2）

一番遠い分野であると思われてきました。なかでも宗教と科学は相容れないもの同士でもあります。それは、道徳について科学的に研究する方法がなかったからにすぎません。しかし、動物行動学や進化生物学、社会心理学、脳生理学、遺伝学などの研究成果の中に、道徳や倫理に関わるものが現われてきました。進化論的な視点から、道徳的な行動（利他的な行動）がどのように生まれてきたのかが自然科学の知見と調和する形で理解できるようになってきたのです。

　なかでも重要な働きをしたのは進化論の新しい解釈である「利己的遺伝子理論（selfish gene theory）」でした。利己的遺伝子理論は、イギリスの動物学者ドーキンス（Richard Dawkins［1941- ］章扉に写真）によって 1976 年に提唱されました。『利己的な遺伝子』という本は、学術書というよりは一般読者をも想定した科学読み物であり、そのショッキングな内容からたちまちベストセラーになりました。その内容は書名が示すように、「すべての生物の遺伝子は原理的に利己的な存在である」というものです。ドーキンスは「利己的」という言葉を「自身が生き抜くことを最優先にする」という意味で使っています。地球に生命が誕生して以来、40 億年もの長い間、遺伝子は生き抜いてきています。改めて考えてみると驚くことに、多種多様な地球上の生物はすべて同じ遺伝の仕組みを持っていて、遺伝子を作っているのはわずか 4 つの塩基であり、しかもその 4 つの塩基がすべての生物の遺伝子を作っているのです。

　私たちは「遺伝子は私たちを次の世代に引き継ぐための仕組み」であると考えています。しかし、遺伝子が 40 億年も生き続けてきているのに対し、わずか 80 年程度しか生きない私たちと、「生物として重要なのはどっち」でしょうか。

リチャード・ドーキンス著『利己的な遺伝子』（40 周年記念版）日高敏隆ほか訳（紀伊國屋書店 2018 年刊）

ドーキンスは、遺伝子を中心に生物を見ると、「生物は遺伝子が次の遺伝子を作るための生存機械である」と考えるべきであると提唱しました。そして、遺伝子を中心に生物の世界を見直すと、生物学全体がより整理されて解釈できることを示したのです。

これはちょうど、地球が中心であることを疑わなかったときに、「太陽が地球の周りを回っているのではなく、地球が自転しているのだ」と考えたコペルニクス的な発想の転換です。コペルニクスの地動説が当時の多くの学者や宗教家から反論されたように、ドーキンスの利己的遺伝子理論も生物学者だけでなく、幅広い学者や研究者から反論を受けました。

しかし、ドーキンスはそうした反論のすべてに論理的な説明をし、そうした説明を付け加えた改訂増補版を 1989 年に出版しました。世界中で論争を引き起こした利己的遺伝子理論はその後、生物学界だけでなく、広く認められるようになりました。日本では、欧米で起こったような激しい論争は起こりませんでしたが、1976 年の原書の翻訳書が 1980 年には『生物＝生存機械論』というタイトルで出版され、1989 年の改訂増補版の翻訳書からは原題どおりの『利己的な遺伝子』として出版されています。この本は出版以来ベストセラーを続け、2018 年には出版 40 周年版も出版されました。

9.3　道徳への科学的アプローチ：進化心理学の誕生

利己的遺伝子理論に基づいて、人間の心のメカニズムがどのように進化してきたかを研究する「進化心理学（evolutionary psychology）」という分野ができました。従来の心理学では、「どんなときに人は楽しいと感じるか」「どんな状況で人は感情的になってしまうのか」などの説明はできても、「なぜ遊ぶと楽しいのか」や「なぜ、論理的な判断の障害になる感情なんてものがあるのか」を合理的に説明することができませんでした。

進化心理学では、そうした理由づけを遺伝子の視点から説明すること

第9章　社会性と道徳（EP1）（EP2）

を試みます。「遊ぶこと」が「生きるための活動の練習」になり、そうした練習をしておくことが、「生きるために有用な技能」になります。有用な技能を持つことは、その人自身が生きていくのに役立つだけでなく、異性からも魅力的に思われて、パートナーとなる可能性が高まるでしょう。その結果、子どもが生まれることになれば、「遺伝子が生き延びる」ことにつながるわけです。途中を省略すれば、「遊ぶこと」が「遺伝子が生き延びること」に結びつくため、遊ぶことは推奨されることになります。では、誰が推奨するのでしょう。外から、親や教師が推奨することもあるでしょうが、それよりも「遊ぶと楽しい」という感情が湧くことで、脳から「ごほうび」が与えられているのです。

　「楽しい」という感情だけでなく、「美味しい」と感じられる食べ物は遺伝子を存続させるのに役立つ食べ物だということを示していますし、面白い話を聞くことや、気持ちがいいと感じられることは、それぞれどれも遺伝子の存続にとって良いことだからなのです。第7章で述べた知的好奇心も「学ぶことが楽しい」と感じることですが、それは学ぶことが遺伝子の存続にとって有利に働くことだからです。

　道徳とは結局のところ、「自分よりも他人（仲間社会）を大事にする」ことです。しかし、なぜ自分よりも社会を大事にする必要があるのでしょうか。宗教をはじめ、過去の偉人や思想家がいろいろな説明を試みてきましたが、遺伝子の存続という視点を考えることでその答えが見つかりました。実は、自分を犠牲にしてまで他を助ける行為は動物界にも広く見られることが知られています。では、動物にも道徳心があるのでしょうか。いったい、誰に道徳を教わったのでしょう。

　動物が他の個体を助けている場合にも、遺伝子のレベルで考えると、それは結局「自分のため（自分の遺伝子を存続させるため）」なのです。これは人間でも同じことです。親が自分を犠牲にしてでも子どもを育てることや、親戚同士が助け合うことは、すべて遺伝子の存続で説明できます。直接に遺伝子のつながりがないような友達同士の助け合いや、友達でない他人にさえ親切にすることも、その方がめぐりめぐって結局は「自分の（遺伝子の）トク」になるのです。

動物にも人間にも周囲の仲間や他人を助ける行為が生まれつき備わっているのです。「人助けをすると気持ちがいい」いう感情も同じ解釈で説明できます。逆に「人を裏切ったり、騙したりすると心が痛む」のも、それが遺伝子の存続にとって悪い行ないだからです。そう考えると、私たちはもともと道徳的な存在であることがわかります。それは、道徳的に行動することが結局は遺伝子の存続に有利だからです。

9.4　道徳への科学的アプローチ：進化倫理学、実験倫理学など

　道徳に最も深く関わる学問分野である倫理学にも利己的遺伝子理論は大きな影響を与えました。そうした影響によって生まれてきたのが進化倫理学です。例えば、スコット・ジェイムズというアメリカの若手倫理学者は、2011 年に『進化倫理学入門（*An Introduction to Evolutionary Ethics*）』（邦訳書は 2018 年に出版）という本を書いています。

　脳科学の進展は、人が倫理的な判断をしているときに、脳のどの部分が使われているのかを解明できるまでになっています。脳は人間が解明すべき最後の臓器として、世界中の科学者によって研究がされてきました。特に、20 世紀末から 21 世紀初頭にかけて、「21 世紀は脳の世紀」であるとして、世界中で脳研究への注目が集まり、研究費の重点的な配分もなされました。

　磁気共鳴機能画像法（functional magnetic resonance imaging：fMRI）などのブレインイメージング技術によって、脳にダメージを加えることなく、外から脳の活動を見ることができるようになりました。ただし、まだスキャンした情報の解析に時間がかかるために、リアルタイムでの観察ができるまでには至っていません。一方、下村脩博士のノーベル科学賞（2008 年）の受賞理由になった蛍光イメージングという細胞を光らせる技術は、まだ、ヒトの脳では使われていませんが、動物の脳では、活動している脳細胞を光らせることで脳の活動をリアルタイムで観察することが可能になっています。こうした脳科学を使っての

第 9 章　社会性と道徳（EP1）（EP2）

倫理学は、「実験倫理学（experimental ethics）」や「脳倫理学」と呼ばれる新しい研究分野になっています。

9.5　道徳への科学的アプローチ：ゲーム理論

　自然科学の進展によって道徳を科学的に研究することが可能となりました。心理学を中心とする社会科学も、実験を取り入れることで、今までにはなかったアプローチから人々の道徳心の解明を試みています。その研究手法は、簡単なゲームを用いるものです。ゲームといっても、スマホゲームや鬼ごっこのようなものではありません。

　数学者のフォン＝ノイマン（John von Neumann［1903-1957］）は、コンピュータを作った 20 世紀の大天才として知られていますが、ノイマンは経済学者のモルゲンシュテルンと共同で、「ゲーム理論（game theory）」という新しい学問の創設にも貢献しています。ゲーム理論とは、複数のプレーヤーが相互に競合したり協力したりする状況を数学的にモデル化する学問です。単純なゲームによって、競合する状況を作り、モデル化するだけでなく、実際にプレーヤーがどう行動するかを実験的に調べることができます。実は、ジャンケンもそうしたゲームの一つです。ジャンケンは複数のプレーヤーが勝ちを争うもので、最適戦略を理論的に求めることができます。それは、グーチョキパーを相手に予測されないようランダムに出すことです。

　ゲーム理論で最もよく知られているものに、「囚人のジレンマゲーム（prisoner's dilemma game）」があります。これは、2 人のプレーヤー（囚人）が、自白をしないでいると

数学者のジョン・フォン＝ノイマン
John von Neumann［1903-1957］

囚人のジレンマゲームの利得表

2人の囚人ＡとＢがそれぞれ「黙秘」か「自白」かをすると、表のように「懲役年数」が決まる。

利得表 （懲役年数）	Bの手 協力（黙秘）	Bの手 裏切り（自白）
Aの手 協力（黙秘）	B:懲役1年 A:懲役1年	B:無罪 A:懲役 15 年
Aの手 裏切り（自白）	B:懲役 15 年 A:無罪	B:懲役 5 年 A:懲役 5 年

「懲役１年」になるところを、相手を裏切って自白すれば「無罪（相手は懲役15年）」になることを取調官からそそのかされた状況をゲームにしたものです。もちろん、相手の囚人にも同じ条件が示されています。これだけでは、ジレンマになりませんが、上の利得表のように、両方が自白すると「二人とも懲役５年」になってしまうのです。相手が黙秘を続けるなら、自分だけが自白してしまえば、「無罪」になれます。しかし、同じことを言われている相棒もそう考えて自白するかもしれません。そして、二人とも自白することになれば、「懲役５年」になって、二人とも黙秘を続けた場合の「懲役１年」よりずっと悪い結果になってしまうわけです。

　囚人のジレンマゲームは、協力と裏切りのゲームですが、「相手をどれだけ信頼するか」のゲームでもあります。相棒が信頼できるならば、黙秘を続けるのが最も望ましい結果になるからです。逆に、相棒が裏切ると考えるなら、自分だけが黙秘を続けていたのでは、最悪の「懲役15年」になってしまいます。つまり、このゲームを使うことで、人がいろいろな状況で「他人をどれだけ信頼するか」を実験的に調べること

ができることになります。

　和を尊ぶ日本文化のことを考えると、日本人は他人を信頼し協調して生きていますので、他人への信頼度が他の国々の人よりも高いように思われてきました。しかし、日本を代表する社会心理学者だった山岸俊男［1948-2018］がゲーム理論や質問紙調査で明らかにした研究結果は、むしろ逆でした。（山岸俊男『安心社会から信頼社会へ』中公新書 1999年刊）

　お金の分配をどのようにするのが公平と考えるかを調べるのによく使われているのが「最後通告ゲーム（ultimatum game）」というゲームです。このゲームでは 2 人のうちの一方だけにお金（例えば千円）が渡されます。この人は、渡された千円のうち、パートナーにいくらを分けてあげるかを自由に決めることができます。半分の 500 円をあげることにしてもいいし、0 円、つまり全部を自分のものにしてパートナーには全然あげないことにしてもかまいません。ただし、その人が決めた配分案をパートナーが拒絶した場合には、2 人とも 1 円ももらえなくなってしまいます。

　従来の経済学の理論では、「パートナーに 1 円を配分する」のが最も合理的な選択と考えられていました。パートナーにとってみれば、この提案を受け入れれば 1 円がもらえるのに対し、拒絶すれば 0 円になってしまうのですから、「1 円でももらえる方がトク」だからです。しかし、実際にこのゲームで人々がどうお金を配分するかを調べてみると、「4割から 5 割を配分する」という提案が最も頻繁なものでした。そして、2 割より少ない配分が提案されることはほとんどなく、あったとしても、その提案は拒絶されてしまうことがわかりました。つまり、配分する側も配分される側も、「ほぼ半分かそれより少し少なめ」くらいが公平な配分であると考えているというわけです。

9.6　ゲーム理論を用いた道徳教育：情けは人のためならず

　上で述べたように、道徳とは結局のところ、「自分よりも他人（仲間

社会）を大事にする」ことです。そして、なぜそうするのかというと、結局それがめぐりめぐって自分のためになるからです。「情けは人のためならず」ということわざがあります。この前半部分だけが使われることが多いために、「他人に情けをかけてやると、かえってその人のためにならない（だから、人助けはしない方がよい）」という間違った意味に解釈される場合もあるそうですが、「めぐりめぐって己が身のため」という後半部分まであることを知れば、正しい意味がわかるはずです。「他人に親切にするのは結局のところ自分のためなんだよ」というのがこのことわざの正しい意味です。

　他人に親切にすれば、その親切がいずれは自分にも返ってくるということですが、現実にはそうしたことを実体験することは難しいことです。お年寄りに席を譲れば、いずれ自分が年寄りになったときに譲り返されるのでしょうが、それが実現するまでには数十年も待たなければなりません。そこで、「お互いさま」という実利を体験できないまま、道徳の授業では他人に親切にすることだけが一方的に教えられることになります。日常生活の中で、嘘をついたり人を騙したりすることがいけないことなのは、そんなことで一時的な利益を得ても、それが長い目では損になるからです。こうしたことも、なかなか実際には体験できません。その結果、子どもたちは「嘘をつくと親や先生に叱られる」という理由でしか嘘が悪いということを学べないのです。

　上に紹介した囚人のジレンマゲームを使うと、親切にすること（＝相手に協力すること）が結局は自分にとってトクなのだということが実体験できます。裏切って自分がトクをしても、すぐに裏切り返されて、結局ソンになることも体験できます。

　もう一つ、囚人のジレンマゲームで子どもたちが学べる重要なことがあります。それは、「人は裏切ることがある」ということを学べることです。他人に親切にすることを一方的に教えるだけでは、子どもが犯罪に巻き込まれることを防げません。「見知らぬ人に親切に道案内をしてあげたがために誘拐されてしまった」ということにならないように、どんな時には人に親切にし、どんな時にはそうするべきでないかについ

第9章　社会性と道徳（EP1）（EP2）

ても教える必要があります。囚人のジレンマゲームでは、ゲームを繰り返す条件と一度切りの条件とで最適の戦略が変わります。ゲームを繰り返すなら「協力」がトクですが、一度切りの場合には相手に裏切られないように自分から「裏切り」の手を使うことが「安全策」として有効なのです。初めて会うような人に対しては警戒した方がいいことを教えるのにも囚人のジレンマゲームが使えるということです。

> **コラム**
>
> **この章で取り扱えなかった「社会性」や「道徳」の重要項目**
>
> 　この章では社会性の教育や道徳教育について、進化論に基づく進化心理学の観点から科学的なアプローチを紹介しました。従来の教育心理学では、**道徳性の発達**に関わる**コールバーグ**らの研究や、**向社会性**の発達についての**アイゼンバーグ**らの研究が紹介されてきました。他人に親切にする行為は愛他行為とも呼ばれ、どのような情況で**愛他行為**が起こりやすいかなどの実験研究もなされてきています。ここでは、新しいアプローチを紹介したために、そうした伝統的な研究については紹介できませんでした。インターネットを使って、各自で調べてください。また、従来の研究がこの章で紹介した進化心理学的アプローチでどう説明できるかについても考えてみましょう。

第 10 章

教育心理学の使命と課題

　この最後の章では、**教育心理学の授業で取り扱うべきコアカリキュラム項目**のどれにも該当しない内容を述べたいと思います。それらは、まだ理論として広く認められてはいない著者からの問題提起です。そこで、この章の内容は授業で取り扱うよりも、自習教材として、「この章を読んで意見文を書く」という課題に使ってください。大学教員のみなさんには、教育心理学に関する知識を問うような試験をするよりも、そうした課題を最終試験の代わりに行なっていただけるようお願いします。試験のために前日に憶えた知識はすぐに忘れてしまうでしょうが、文章に書いた意見は忘れないと思います。

10.1 「漢方薬」と「西洋医学」：教育政策・教育行政の2つの立場

　日本には「教育基本法（Basic Act on Education）」という、教育における憲法に相当する法律があります。これは、憲法のように「どのように（教育に関わる）法律を作るべきか」についての方針を国民全体（といっても、「国民全体に代わって」国会議員が決めたのですが）で決めたものです。この教育基本法は、戦後まもなくの1947年に制定された旧法を、今世紀に入った2006年に全面改正したものです。

　この基本法に基づいて、「学校教育法（School Education Act）」などの法律が作られ、実際の教育が行われることになります。具体的にどんな法律を作るのかは、国会議員が教育関係の専門家の意見を聞きながら行なうことになり、それを「教育政策（educational policy）」と言います。

　国の教育政策が決まると、それを実施に移すのが文部科学省などの行政機関です。さらに、文部科学省の指導に従って、都道府県にある教育委員会がその地方に適した教育について立案し、具体的な施策は地方自治体が行なうことになります。これを「教育行政（educational administration）」と言います。

文部科学省が入居する霞が関コモンゲート東館（東京都千代田区）

　この本の中で紹介してきたように、世界中でたくさんの研究者が教育をどう行なうべきかの研究をし、教育理論を本や論文にして公刊してきています。ここで紹介した研究は、主として教育心理学者が行なったものでしたが、教育心理学以外にも教育に関わるいろいろな学問分野で研究がなされてきています。

　教育政策やそれに基づく教育行政は、こうした研究の成果を取り入れて立案して、実施に移されるべきです。しかし、どう教

第 10 章　教育心理学の使命と課題

育をするべきかについて、すべてが研究されているわけではなく、研究されていたとしてもまだ答が見つかっていないことの方がほとんどなのです。考えてみれば、教育心理学という学問が始まったのは 1920 年代ですが、学校などの教育機関はそれ以前からあったのです。それでは、昔の学校ではどんな理論に基づいた教育がなされていたのでしょうか。

　実は、昔も今も、ほとんどの教育は科学的な裏付けなしに行なわれています。といっても、何の根拠もなしに、メチャクチャなことがやられているわけではありません。第 1 章で書いたように、人は大昔から教育を行なってきました。そうした長い歴史の中で、どう教えたらいいのかの知恵と経験が蓄積されてきて、昔も今もそうした経験に基づく教育がなされているのです。

　これは漢方薬に例えることができます。漢方薬は、数千年の歴史の中で見つけ出されてきた「身体に良い働き」をする種々の植物や動物、あるいは鉱物であり、科学的な研究に基づいて作られた西洋医学の薬とは違うものです。科学的に分析することによって、その薬効成分が明らかにされてもきていますが、漢方薬の独特の配合によって、穏やかに薬効が現われるメカニズムが完全に解明されているわけではありません。

　教育について科学的に研究しようとしてきた教育心理学は、西洋医学に例えることができるでしょう。ただ、医学の領域とは違って、教育の世界では科学的な研究成果がまだまだ乏しいというのが現状です。経験に基づく教育によってでも、成果は十分に挙げられていますし、新しい経験によって常に改善も続けられているわけですから、科学的な研究は不要だと考える人も多いかもしれません。しかし、漢方薬と西洋医学に例えたことが正しいとすれば、教育の世界もいずれは、科学に基づくものが主流になっていくはずです。以下では、この本で紹介してきた教育心理学の課題や限界などについて、各章を振り返りながら考えてみたいと思います。

131

10.2 証拠に基づく教育：科学的な研究成果を取り入れた教育

　第1章で述べたように、教育心理学は教育について科学的に研究する学問です。しかし、人間に関わることを科学的に研究するのは難しいことです。教育だけでなく、政治も経済も、商売も恋愛も、人間に関することを科学的に研究することは難しいため、文系の学問として、理系の学問とは違う研究方法で研究されてきたのです。

　一般にはそうした文系の学問の一つと考えられている心理学は、人の心についての学問でありながら、一時的にはヒトの代わりにネズミを、そして心の代わりに行動を研究することに変えてまで、科学的であることを目指してきました。コンピュータなどの機器の発達や、他の科学の発展にも助けられながら徐々にいろいろな研究手法を開発し、今ではヒトの心を科学的に研究できるようになりました。心理学の研究手法は他の文系の学問にも活用され、文系の学問全体が科学化されるようになってきています。経済学が心理学実験を取り入れて、行動経済学という新しい経済学が盛んになってきたこともこうした流れの一つです。

　教育心理学は、心理学の「直系」の学問として、新しい研究手法を開発することで、少しずつでも教育についての科学的な解明を続けていくべきです。それと同時に、まだ科学化が進んでいない教職課程の他の学問分野に科学的な研究手法を積極的に提供していくことも期待されます。

　今世紀に入ってから本格化してきた「証拠に基づく教育（evidence-based education）」の推進の流れは、これから加速されていくでしょう。その中心となるのは教育心理学なのです。ここでも、医学分野での先行例があります。医学では、1990年代から「証拠に基づく医学（evidence-based medicine）」の推進運動が始まり、普及が進みました。理系の学問と思われている医学においても、結局、治療においては人間が関わることになるため、科学よりも経験が優先されるのが普通だったのです。

　証拠に基づく医学では、「ランダム化比較対照実験（randomized

第10章　教育心理学の使命と課題

control treatment：RCT)」が科学的証拠として推奨されます。これは、特定の医療行為の効果を（くじ引きで）ランダムに分けた2つの患者グループで比較検証することです。例えば、新しい薬が開発された場合、その新しい薬を一方の患者グループにだけ与え、もう一方の患者

アメリカ教育省の入るビル

グループには同じ薬だと告げてプラシボと呼ばれる偽薬を与えます。その後の経過観察によって、薬を与えた患者たちの方が病状の改善が大きければ、薬の効果が検証されたこととなります。プラシボを使うのは、薬を飲んだことの期待効果だけである程度の治療効果（「プラシボ効果 placebo effect」）が見られることが知られているからです。さらには、治療を担当する医師や看護師もどの患者に本当の薬を与えたのかを知らされません。それを知っていると、「薬が効くはずだ」という思い込みで知らずしらずのうちに患者へ接する態度が違ってしまい、それが治療効果に影響する可能性があるからです。患者だけでなく医療関係者にも実験条件が伏せられることから、「二重盲検法（double-blind test method)」と呼ばれています。

　今世紀の初めにアメリカ教育省は「どの子どもも落ちこぼれにしない」という名前をつけた法律NCLB法（No Child Left Behind Act）を制定し、証拠に基づく教育の推進を始めました。証拠に基づく教育でも、その証拠として最重要視されるのが、ランダム化比較対照実験（RCT実験）です。つまり、新しい教育方法をランダムに分けた2グループの子どもたちで実験して、その効果を検証するような実験です。従来の教育方法で教える子どもたちと新しい教育方法で教える子どもたちに分けて比較するわけです。教育の場合でも、新しい教育法の実験対象になっていることを知ると生徒が「自分たちは特別なんだ」と考えて、それだけで良い成績になる「ホーソン効果（Hawthorne effect)」が知ら

れています。ただ、プラシボを使うことに相当する適切な方法があるわけではありません。また、教員の側も「新しい教育法には効果があるだろう」という期待を持つことでそれが生徒の成績に影響してしまう「ピグマリオン効果（Pygmalion effect）」と呼ばれる現象が知られています。しかし、これも医学における二重盲検法のような方法でピグマリオン効果を抑制するような適切な方法はありません。

　医学の場合も教育の場合も、研究のためとはいえ、患者や生徒の一部を実験に使うことは許されるのでしょうか。証拠に基づく医学の普及によって、医療分野では RCT 実験が数多く行なわれるようになりました。しかし、教育の分野ではまだ児童生徒を使って RCT 実験を実施することには強い抵抗があります。実は、医学の場合でも実験に参加する患者たちは何も知らされないままに「モルモット」にされるわけではありません。患者たちは実験の目的や、予想される効果、さらにリスクなどについて十分に説明を受けた上で、実験に協力することに同意してはじめて実験に参加することになります。この手続きを「インフォームド・コンセント（informed consent）手続き」と言います。患者が知らされないのは、自分に与えられるのが新しい薬なのか、プラシボなのかの部分だけなのです。

　こうしたやり方を教育研究でも応用することで解決の道が開けると思います。教育の実験は、学区が決まっているような公立学校ではなく、保護者（と生徒本人）が自由意志で入学を決めるような国立大学付属学校や私立学校で行なうことにして、保護者や生徒本人からインフォームド・コンセントの手続きをとるようにすればいいわけです。それでも、まだ RCT 実験には困難なハードルが数多くあります。教育政策や教育行政の担当者と協力しあって、教育における実験の必要性について社会的な合意を得られるようにしていかなければなりません。そして、教育の分野でも RCT 実験が実施できるような環境が作られていくことが強く望まれます。

第 10 章　教育心理学の使命と課題

10.3　行動遺伝学：遺伝の影響をどう考えるか

　第 2 章「発達と教育」では、行動遺伝学の研究によって明らかにされたこととして、知能を含む人間のすべての特質の個人差に遺伝が大きな影響を与えていることを述べました。そこで、第 5 章で知能について論じた際にも、遺伝の影響について触れました。自己効力感（第 6 章）と知的好奇心（第 7 章）については、遺伝の影響について言及しませんでした。しかし、すべての個人差に遺伝の影響があるということは、自己効力感の程度や知的好奇心の違いを生じさせる重大な要因も遺伝なのだということです。生まれつき知的に優れた子どもは、強い自己効力感を持ち、知的好奇心も旺盛なため、いろいろな知的課題に積極的に挑戦し、達成経験を繰り返すことで、さらに自己効力感を高めることになります。その結果、流動性知能だけでなく結晶性知能にも、他の子どもとは大きな差が生じてしまうのです。

　知的に恵まれない子どもでも、適切な教育をすれば、追いつけないまでもその差を縮められるかもしれません。教育者なら、そのように考えたくなりますが、現実には、逆に差は広がるばかりなのです。この問題を解決する道は、他の子どもと比べること自体を止める以外にありません。人はいったい何のために学ぶのか。そして、いったい何のために教育をするのかをもう一度考えなおす必要があります。

　この問題については、教育心理学者であると同時に行動遺伝学者でもある慶應義塾大学の安藤寿康教授が繰り返し問題提起をしてきています。安藤は、自分たちにとって「都合が悪い真実」

安藤寿康著『なぜヒトは学ぶのか　教育を生物学的に考える』（講談社現代新書 2018 年刊）

である遺伝的影響について、教育界が無視したり過小評価したりしてきていることを批判し、科学的な事実を受け入れて、遺伝の影響を考慮した教育を行なうべきであると主張しています。最新の本『なぜヒトは学ぶのか 教育を生物学的に考える』（講談社現代新書 2018 年刊）では、さらに大きな視点から、人間にとっての教育の意義について論じ、「進化教育学（evolutionary education）」という新しい学問分野の創設を提言しています。書名の「なぜヒトは学ぶのか」に対する答は、ここにはあえて書かないことにしますので、ぜひこの本を読んでください。

10.4　認知科学：人間の学習を誰が研究しているか

条件づけを発見したパブロフは生理学者でしたが、その後の学習理論の研究は心理学者の独壇場でした。第 1 章で述べたように、教育心理学はそうした学習理論研究での成功を基盤にして生まれた学問でした。そこで、教育心理学者も学習の専門家であると自負してきました。

しかし、第 3 章で機械の学習について紹介した際に述べたように、今や学習の専門家は教育心理学者ではなく、コンピュータ学者になってしまいました。インターネットで「学習」という言葉を検索にかけると、「機械学習」「強化学習」「深層学習」などがヒットしてきますが、これらはどれも教育心理学の用語ではありません。それでも、強化学習の基は学習理論の強化の原理ですし、深層学習（ディープラーニング）も大元をたどると心理学者である「ヘップの原理（Hebb rule）」に行き着くのです。

多くの教育心理学者は、コンピュータ学者や情報工学研究者が研究する「学習」は、もう教育心理学が研究してきた学習とは違うものだと考えているようです。本当に違うものなのでしょうか。コンピュータ学者がかつての学習理論から学んで、機械学習の研究に役立てたように、教育心理学者も彼らの研究から学ぶべきことがあるのではないでしょうか。教職課程の中にも、機械の学習から得られた知見を学ぶような科目が必要ではないでしょうか。

第 10 章　教育心理学の使命と課題

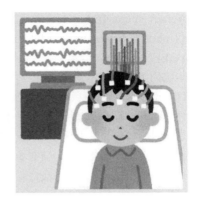

　大脳生理学や神経科学でも、学習が研究されています。これは記憶に関しても同様です。学習も記憶も私たちの脳の働きなのですから、「様々な学習の過程を説明する代表的理論」が脳の研究者から提示されていても不思議ではありません。学習や記憶が脳のどの部位で司られているのかについてや、どんなメカニズムで実現していることなのかについても、教育心理学者は知っておくべきだと思います。教職課程を構成する科目群の中で、教育に関わる諸現象を科学的に研究する学問は教育心理学だけです。急速に発展する脳神経科学の研究成果を教育に取り入れることができるのも教育心理学だけだと思います。

10.5　学力ストップウォッチの開発

　第 8 章では、教育における評価の歴史をたどり、絶対評価が望ましいにもかかわらず、教育目標の細分化に限度があるために、相対評価を使わざるをえないことを述べました。さらには、社会では結局「人々を順序づける」ことが慣例的に行なわれてきているため、偏差値のような順序づけ評価が蔓延することになってしまうことも述べました。相対評価が使われる限り、学習者にとって学びが競争になってしまいます。一方、英語力を評価する TOEFL というテストは、陸上競技や競泳におけるストップウォッチのように絶対評価的に使えることを紹介しました。
　それでは、他の教科でも TOEFL のようなテストを作成できないでしょうか。例えば、「数学版のストップウォッチ」を作れば、生徒は他の生徒との競争ではなく、数学における種々の公式や技法、思考法の習得を目標に学習をすることができるはずです。実は、国際教育到達度評価学会（The International Association for the Evaluation of Educational

Achievement: IEA）が実施してきた国際数学・理科教育動向調査
（Trends in International Mathematics and Science Study: TIMSS）は、
TOEFL と同様に、数学版ストップウォッチとして使えるものです。日
本国内でも「数学検定」（日本数学検定協会）や公文式のＡからＶに
段階づけられた教材など、すでに「数学版のストップウォッチ」として
使えそうなものは作られています。そこで、これらをさらに洗練させ、
また他の教科でも「学力ストップウォッチ」作成の試みを推進していく
わけです。教科教育学の研究者が中心となって進めるべきことですが、
教育心理学者もテスト作成に協力できるでしょう。

　しかし、すべての教科で学力ストップウォッチができあがったとき、
そもそも学力とは何だろう、何のために学力評価を行なうのだろうとい
う疑問が出てくるだろうと思います。例えば、「世界史ストップウォッ
チ」で80点を取ることにどんな意味があるでしょうか。大学入学の基
準が「世界史80点」となってでもいないかぎり、こうした評価には何
の意味もないことに気づくでしょう。結局のところ、今、学校で行われ
ている評価は順序づけのためなのです。そのため、生徒たちは「何を学
ぶか」よりも「どれだけ順位を上げられるか」が目標になってしまって
います。何のために学ぶのかについて、根本から考え直さない限り、相
対評価を絶対評価に変えたところで、結局は何の意味もないことなので
す。

　知能テストや性格テストなど、人間の諸特性を測ることは心理学者が
得意としてきたことです。学力テストも、学力という特性を測るための
手法の一つです。学力ストップウォッチ作成の前に、現行の入学試験や
学校での定期試験の設計、作成から実施や結果の分析まで、教育心理学
者がもっと積極的に関与するべきだと考えます。どんなテスト問題が出
題されるのかは、生徒の学習にも影響を与えます。最近の子どもたち
（大学生もですが）が、知識偏重になる一方で考える力が足りないと言
われるのも、入学試験や学校での定期試験自体が知識を問うものばかり
だからです。評価のやり方が学習に影響を与えることは、「評価の学習
規定性」と呼ばれます。「考える力」が評価できるようなテストを開発

して学校教育で使うようになれば、生徒たちはそうしたテストで良い成績を取るためにもっと考えるようになるでしょう。では、「どうやって子どもたちに考えさせるのか」については、第4章で「書くことが考えること」なのだということを示しました。この章の冒頭にも述べたように、せめて大学での教育心理学の試験くらいは、知識を問うものではなく、意見を書かせるようなものにしてもらいたいと思います。付章2に「三論点意見文章法」という意見を書くための文章テンプレートを用意しましたので、活用して意見文をたくさん書いてください。

10.6　主体的学びと学校教育

　最後に、この本の「はじめに」で書いた「学ぶ主体と教える側との対比」についてもう一度考えてみたいと思います。ここまで読んできた読者はもうおわかりかと思いますが、実は、こうした「対比」において最終的にはいつも学ぶ主体こそが重要なのだという結論に達していました。動機づけについて紹介した第7章では、最後に「子どもたちが主体的に学習するようになるためには、教師の側からの働きかけを一切止めてしまうべきなのかもしれません」とまで書きました。

　動機づけだけでなく、学習の理想形も発見学習であることを述べました。また、もっと長期にわたる学習においても、望ましい学習サイクルは自己調整学習によって実現します。ここでも、結局は、主体的に学ぶ（learning proactively）ことが重要であり、教える側ができることは、邪魔をしないことなのです。

　学校では競争に駆り立てられますが、学ぶことは競争ではないはずです。にもかかわらず、私たち教育する側は「競争した方がやる気が出る」と考えがちです。会社などでも社員のモチベーションを上げるために営業成績を競わせることが普通に行なわれています。プロのスポーツの世界では、競争が当然視されています。実は、学問の世界でも論文の数や論文の被引用数の競争があります。結果として、現代社会は「競争社会」だとも言われます。

しかし、競争でやる気が出るのは、競争に勝つことが多い人だけです。競争それ自体がやる気をひき起こすのではなく、競争に勝つことが快感になり、自己効力感を高めるために、それを求めて競争心がかきたてられるのです。教師も、会社の上司も、プロスポーツの監督も、自分が競争に勝つ経験を多くしてきた人です。そのため、競争そのものの効果と競争に勝つことの効果との区別がつかなくなっているのです。

　競争にいつも負けている人の気持ちになってみましょう。いつも負けている人も競争することでやる気が出るでしょうか。むしろ、やる気が出ないのではないでしょうか。競争で勝つ側の人が獲得する「やる気」や自己効力感は、負ける側の人から奪い取っていると考えることもできます。

　学校で実施されている定期試験は、競争のためのものではありませんが、成績が偏差値で表わされるために、結果的に競争と同じことになります。成績が上位の生徒は試験が勉強の動機になるでしょう。しかし、下位の生徒は「試験があるから勉強しない」という逆の戦略をとるかもしれません。勉強しないでおけば、試験の結果が悪くても自己効力感を維持できるからです。ワイナーの原因帰属理論で言えば、悪い成績を努力しなかったせいにすれば、能力が低いせいにしなくても済むからです。フェスティンガーの認知的不協和理論でも説明ができます。「勉強したのに成績が悪い」よりも「勉強しなかったから成績が悪い」ことの方が認知的不協和になりにくいからです。

　競争にはまったく関係がないと思われる体重測定でも、太っている人には苦痛です。背の低い人には身長を測られることも嫌なことです。「測りたいときは自分で測るから、強制的に測るのはやめてほしい」と考える生徒も少なくないはずです。学力試験も、受けたい人が受けたいときに受けて、結果も本人だけがわかるようなものにできないでしょうか。学ぶことだけでなく、評価も学ぶ側が主体的にすることが望ましいと思います。

　少し極論を書きすぎたかもしれません。しかし、良いことだと思って行なわれてきている教育的な働きかけのほとんどのことに、主体的な学

140

第 10 章　教育心理学の使命と課題

びを阻害する働きがあることを教える側の人々は常に自覚しておくべき
だと思います。ここで「したたかな教育者」は考えるでしょう。**では、
どうすれば、教育する側が主導権を取りつつ、子どもたちに主体的な学
びをさせられるだろうか**と。「教育心理学の授業で取り扱うべきコアカ
リキュラム項目」に含まれる「主体的学習を支える」という表現に、コ
アカリキュラム検討会の委員の方々のそうした思いが込められているわ
けです。

付章 1
大学でのレポートの書き方

　高校までの教育では、意見文の書き方指導はほとんどなされていません。また、小学校以来「意見や感想」と一まとめで取り扱われることが多いために、学生の多くは意見と感想の区別ができないままです。そこで、まず、意見と感想は違うものであることをしっかり学ぶ必要があります。

　もう一つ、日本語による文章作法の難点は段落についての明確な取り決めがないことです。そこで、英語の文章法にもとづいて「パラグラフ(paragraph)」の書き方を学ぶことも必要です。パラグラフ単位で文章を書くことを「パラグラフ・ライティング」と言います。パラグラフ・ライティングは卒業論文などの科学論文を書く際にも使われるスタイルです。また、パラグラフ・ライティングは、英文の読み方にも役立ちます。英語の論説文はパラグラフ・ライティングによって書かれているわけですから、読むときにもパラグラフの中のキーセンテンスを探すようにして読むこと、パラグラフ間の関連を示すキーワードを見つけることなど、読み方のヒントが身につきます。こうした読み方は「パラグラフ・リーディング」と呼ばれることもあります。

レポートの書き方① 「事実・意見・感想」

1. 客観的事実と主観的見解の区別をすること

（1）客観的事実は議論したからといって、事実が事実でなくなるわけではありません。事実は 1 つであって、変化することもないからです。そこで、事実そのものの真偽を議論しても意味がないことになります。事実は議論の対象とするのではなく、議論する際の根拠として使うものです。

（2）この客観的事実と主観的見解との区別は、木下是雄『理科系の作文技術』での「事実と意見」に相当します。事実と意見を明確に区別することは議論をするための大前提となります。

2. 意見（主張）と感想の違いを知ること

（1）主観的見解は、人それぞれの判断・考え・信念などによるものですから、多様であり、ときに対立することもあります。そこで、議論をすることで、正しい見解が何であるかを決めることになります。

（2）しかし、人々がもついろいろな見解の中には、正誤が決められるものもありますが、正誤が決められないものもあります。正誤が決められないものについて議論をしても無意味です。

（3）主観的見解のうち、正誤が決められるものがより狭い意味での「意見」です。次のページに詳しく述べるように、意見とは根拠に基づく主張です。根拠となる事実が正しくない場合は、その意見も正しくないものとなります。

（4）正誤が決められないような主観的見解をひとまとめにして「感想」と呼ぶことにします。感想は人それぞれで違っても良いものであり、どの感想が正しかったり、間違っていたりするわけではないからです。そこで、感想について議論しても意味がないことにもなります。

　以上を例示すると次のようになります。

　事実：リンゴとミカンはどちらも日本で栽培されている。

付章1　大学でのレポートの書き方

（事実は、議論しても意味がないことです。）

　感想：リンゴはミカンより美味しい。

　（好みは人それぞれなので、これも議論する意味がありません。）

　意見：北海道ではミカンよりリンゴを栽培すべきである。なぜならリンゴは寒さに強いからである（「主張」＋「根拠」の組み合わせとなっています。対立する意見も考えられ、どちらが正しいかを議論することができます）。

3. この授業のレポートでは意見を述べること

（1）木下是雄『理科系のための文章作法』では、「科学的論文では事実だけを述べるべきである」と主張しています（これは木下の意見です。次に示すように、必ずしも正しいわけではありません）。

（2）しかし、人文社会系の論文では事実だけで論を進めることには無理があります。そこで、この授業のレポートでは、正誤が決められるような「意見」を述べることを求めることにします。

（3）意見を述べやすくするために、「○○すべきである」という文を使うことにします（あえて強い表現を用いることで、反論を引き出しやすくし、また、あらかじめそれに対する根拠を考えるクセがつきやすいからです）。

（4）実は日本の学校教育では、意見と感想とを区別して教えることをしてきていません。さらには、他人との対立を避けることが美徳とされる日本文化の影響もあって、ほとんどの人は議論を引き起こすような意見を述べようとしません。その結果、知識人であっても、まともな意見を述べることができる人は少ないようになってしまっているのです。

（5）この授業では「意見が述べられる大人になる」ことを目指します。その目標のために、レポートには「反論を引き出すような意見」を書くことを心がけてください。「反論されないような意見」が良い意見なのではなく、「反論を数多く引き出すような意見」が良い意見なのです。

145

4. 他人の意見と自分の意見の区別

(1)「優等生的意見」を書こうとしないこと。正誤が決められるような意見であっても、誰もが賛同するような「優等生的意見」は意味がありません。例えば「人々を不幸にするから、戦争をするべきでない」という意見は誰も反対しないでしょう。でも、だったらこんな意見を言って一体何になるのでしょうか。小中学校では先生に褒められるかもしれませんが、社会に出たら「先生」はいません。褒められてもしょうがないのです。それよりも、わざわざ意見を言う以上、他人とは違う意見を述べようと試みることこそが重要であると思います。

(2)「他人の意見」と「自分の意見」とを明確に区別すること。特に読後レポートでは、本の著者の意見は「要約」としてまとめて記述し、その後に自分の意見を述べるようにしてください。「他人と違う意見を述べてみたい」と思っても、そう簡単には人と違う意見は思いつかないものです。そこで、別の人のものを拝借したくなるかもしれません。しかし、他人の意見を借りてまで意見を述べてもしょうがないことです。せっかく意見を言うのですから、自分独自の意見を述べたいものです。

(3)インターネットなどから他人の文章（意見）を剽窃（＝盗用）しないこと。そうはいっても、提出の締切がある大学のレポートなどでは、他人と違う自分の意見を考えている時間がない場合もあるでしょう。そうすると、ついつい、インターネットで見つけた他人の意見を借用したくなるものです。しかし、無断借用は泥棒と同じです。では、元々の著者に許可をもらうようにすればいいのかというと、そこまでする必要はありません。あなた自身のレポートに「その他人の意見や文章をどこから引用したのか」を明記すればいいのです。これでもう「無断借用」ではなくなります。別にお金がかかるわけでもないのですから、単に礼儀のようなものです。他人の意見を借りるときは、感謝を込めて、それが他人の意見であることをキチンと書いておくようにしましょう。こうした手順を踏めば、それは「無断借用」ではなく、「引用」ということになります。引用にあたっては、誰（元々の著者）がいつ、どこに発表（＝公開、出版）したものかを明記する習慣をつけましょう。いろいろ

な引用の形式がありますが、要は「その元の意見を実際に読めるような情報」が書かれていればよいのです。

レポートの書き方②「パラグラフ・ライティング」

　日本語では「パラグラフ（＝段落）」についての明確な基準がなく、国語の先生も教えてくれません。しかし、まとまった文章を書くためには、全体をいくつかのパラグラフに分ける必要があります。ここでは英文の文章法にならって「パラグラフ・ライティング」について説明します。

1. パラグラフ（段落）とは……

　パラグラフは、ひとつのまとまった主張からなります。言い換えれば、パラグラフには「1つのキーセンテンス」があり、他の文は、そのキーセンテンスの付加的な説明の集まりということです。「キーセンテンス」＋「付加的な説明文」という構造からわかるように、パラグラフには最低2つの文がなければなりません（「キーセンテンス」は「トピックセンテンス」と呼ばれることもあります）。

2. キーセンテンスは文頭に……

　パラグラフ・ライティングの原則が守られた文章では、キーセンテンスは原則として冒頭に置かれます。日本語では文末に置くスタイルも可能ですが、この授業のレポートでは冒頭に置くスタイルで書くようにしてください。

3. 文章の構造

　以上を図式化すると図1のようになります。図では、パラグラフが5つですが、パラグラフの数は文章によっていくつにでも増やすことができます。

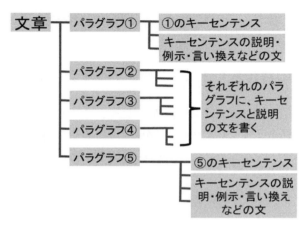

図1 パラグラフ・ライティングによる文章の構造

4. パラグラフ・ライティングによるレポートの書き方

①まず、書きたいことを5つくらい選び、キーセンテンスにまとめる。
②それぞれのキーセンテンスを、どの順番にするかを決める。
③それぞれのキーセンテンスに説明・例示などを付加しパラグラフにする。
④全体を通して読み、適切な「つなぎの文」や接続詞を付け加える。
⑤パラグラフの順序を入れ替えて②から④をやり直してみる。
⑥ここまでやって文章が完成となる。

5. パソコンによる文章作成

　こうしたパラグラフ・ライティングのためには、パソコンによる文章作成がきわめて有効です。パソコンがない時代には下書きを何度も書き直す必要がありました。そうした手間をなくすために、全体構想を頭の中でよく練った上で書き始めることも推奨されました。しかし、今は、その頭の中の作業をパソコンでやることにすれば「可視化」できるのです。パソコンによる文章作成では、まず書きたいことから書き始めることができます。その他にも、パソコンによる文章作成の利点は数多くあ

付章1　大学でのレポートの書き方

ります。タッチタイピング技術を身につけておけば、手で書くよりも
ずっと楽に文章が書けます。

6. 三論点意見文章法による実習

　パラグラフ・ライティングによる具体的な文章の書き方は、「付章2
三論点意見文章法」で実習してください。

付章２

意見文を書くための「三論点意見文章法」

　意見と感想の区別や、パラグラフ・ライティングは、説明を読むより
も、実際にそうした文章を書いてみることで学ぶことができます。ここ
では、主張とその根拠とで構成されることが明確になるような意見文の
テンプレートを使って、意見文の書き方の実習をします。主張はディ
ベートのテーマになるようなものが望ましいので、「○○するべきであ
る」という決められた文を使うことにします。現実社会では、他人に対
して「○○すべきである」と述べることは稀ですが、「要望」も「お願
い」も「注意事項」も突き詰めれば、読み手に対して「○○すべきであ
る」と述べているわけで、こうしたスタイルの意見文が書けるようにな
れば、要望書や嘆願書などにも簡単に応用ができます。

テンプレートを使った実習：「三論点意見文章法」

課題の目的：キム・ジョンキュー『英語を制する「ライティング」』にある「5 パラグラフ・エッセイ」を改変した「三論点意見文章法」を使って、3 つの論点を根拠とする意見を述べる文章の書き方を学ぶ。

実習課題：「松本大学は、○○すべきである」という意見を 3 つの根拠を用いて述べる文章を作る。3 つの根拠は各自が自分で考えるものだが、今回の練習では以下のものを用いる。

　①メリット（デメリットの解消）

　②問題点への対策

　③実例の提示

練習課題：「松本大学はすべての授業を英語で行なうべきである」という主張をする。

　1）3 つの根拠を決める。

　　①メリット（デメリットの解消）：学生・教員の英語運用力の向上

　　②問題点への対策：できないのは使わないからで、使えば使えるようになる

　　③実例の提示：国際教養大学／日本から北米に行った留学生

　2）第 2～4 パラグラフを、それぞれの根拠をキーセンテンスにして書く。

　3）最初の主張をキーセンテンスとして、まとめのパラグラフ（第 5 パラグラフ）を書く。

モデル文章：（各パラグラフのゴチックの文がキーセンテンスであることを確認すること）

モデル文章

　松本大学は祭日にも通常通りの授業をするべきである。この根拠を 3 つ述べる。まず、祭日にも授業をすることで毎週 1 回という授業のペースが保たれる。また、「祭日に休まない」ことは法律違反ではない。そして、現に首都大学東京ではこうした制度

付章2　意見文を書くための「三論点意見文章法」

を平成21年度から採用している。

　毎週1回の授業ペースが確保できることは、教育効果という点で重要である。学生は、週ごとにスケジュールを立て、予習や復習の時間を充てている。教える側の教員も、週ごとのスケジュールで教育研究活動をしている。にもかかわらず、振替授業などによって、週に同じ科目の授業が2つ行われたり、2週間以上間隔が空いたりすることは、こうした計画的な教育や学習に不都合である。

　祭日だからといって休まなければならないというわけではない。コンビニは年中無休であるし、多くの民間企業でも祭日にも仕事をしている。公務員であっても、警察官や空港税関は祭日でも仕事をしている。祭日に休まなくても、別の日に休めばいいのであって、日曜日は休むのだから、最低限の休みは確保されている。さらには、大学には夏休みなどの長期休暇もあり、祭日まで律儀に休む必要はない。

　実際に祭日に授業を行っている大学もある。アメリカなど北米の大学では、クリスマスなど特別な祭日以外は、授業を通常通りに行なっている。また、日本でも、平成21年度から首都大学東京が月曜の祭日に通常通りの授業を行うことを決めた。このように、祭日に通常通りの授業を行うことはけっして特殊なことではない。

　こうした理由から、私は**松本大学は祭日にも通常通りの授業をするべきである**と思う。こうすることで、週1回の規則的なスケジュールが確保でき、振替授業日も不要となる。学期の途中で不定期な休みを取ることよりも、学期期間中は勉学に集中すべきである。こうした改正によって、学生たちの勉学意識も高まることが期待される。以上のことから、私は**松本大学は祭日にも通常通りの授業をするべきである**と思う。

153

練習課題用記入用紙：

松本大学はすべての授業を英語で行なうべきである。この根拠を3つ述べる。

_____

_____

_____

_____

_____

授業を英語で行なうことで、学生や教員の英語運用能力が高まる。

_____

_____

_____

_____

_____

そうはいっても、私たちの英語力では無理だと思うかもしれない。しかし、

_____

_____

_____

_____

_____

実例もある。秋田の国際教養大学ではすべての授業を英語でやっているという。北米の大学に留学すれば日本人学生も授業は英語で受けている。

付章2　意見文を書くための「三論点意見文章法」

　こうした理由から、松本大学でもすべての授業を英語で行なうべきであると思う。こうすることで、

　私はこの松本大学でも授業を英語で行なうべきであると主張する。

付章 3

教育心理学のための統計用語（EP2）

　ここでは、教育心理学における重要な統計用語について以下の６つに分けて解説をします。それぞれについてのより詳しい内容は各自が統計学の本やインターネットで自習してください。

1. 誤差・正規分布
2. 平均・標準偏差・偏差値
3. 相関・回帰
4. 統計的検定・信頼区間・有意水準
5. 標本抽出・ランダム化
6. 第１種の誤り・第２種の誤り

1. 誤差・正規分布

「誤差」が統計学の用語として注目されることは少ないかもしれません。しかし、統計を取る必要があるデータの採取に際には、必ず誤差が入り込むことは統計学の前提となっています。例えば、成績をつけるために試験をしますが、試験の結果には必ず誤差が含まれます。

数学の試験というのは、「数学の学力がどれくらいであるかを測定」することです。その試験の結果は、生徒の本当の学力ではありません。試験問題は、たまたま生徒が得意なところだけが出題されていたかもしれません。当日、生徒は体調が悪かったかもしれません。選択式の回答が運良く当たったかもしれません。試験になると緊張して普段の力が出せない生徒がいることもしられています。大事なことは、「試験成績には誤差が含まれる」ということです。

試験に限らず、すべての測定には誤差が含まれます。机の長さを測るような単純な測定では、何度測っても、誤差はないような気がするかもしれませんが、それは誤差が無視できるほど小さいからであって、それこそミクロン単位で測定すれば、測るたびに値が変わる（つまり、誤差がある）ことがわかります。

このように、誤差の混入は避けられないことですが、誤差には数学的に知られた特徴があります。それは、測定を繰り返すと、本来の「真の

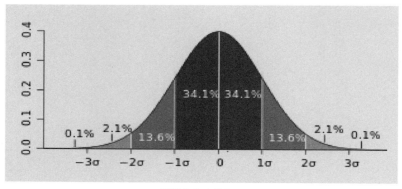

正規分布のグラフ

付章3　教育心理学のための統計用語（EP2）

値」を中心に誤差が正規分布するということです。厳密な数式で定義できるものですが、図に示すように「左右対称の山型の分布」となります。これを発見した数学者のガウスにちなんで、正規分布は「ガウス分布」と呼ばれたり「誤差分布」と呼ばれたりすることもあります。誤差が正規分布をすることを活用すると誤差の大きさを推測できるようになります。

　もう一つの重要な前提として、人間に関わるほとんどの測定値が正規分布することが経験的に知られていることがあります。いろいろなデータを取ると、まず最初に平均値を計算するのが普通ですが、平均値を計算するのは「データがこの平均値を中心に山型に分布していること」が前提となっているからです。

2.　平均・標準偏差・偏差値

　平均は計算が簡単なこともあり一般に広く使われています。また、**1.誤差・正規分布**で述べたように、私たちの身の周りの現象は正規分布するものが多く、平均値は分布の中心を知るために有効です。テスト結果の平均を知ることで、生徒それぞれは自分の成績が全体として良かったのか悪かったのかがわかります。

　しかし、平均を知るだけでは、山型の分布の中心がどこなのかがわかるだけで、裾野の広い緩やかな山なのか、尖った険しい山なのかはわかりません。そこで、平均値の次に有用な統計指標として「標準偏差」があります。標準偏差は、データが平均を中心にどれくらいバラついているかの指標です。

$$標準偏差 = \sqrt{\frac{\Sigma(測定値-平均)^2}{データ数}}$$

　「データのバラツキ具合」を知るために「それぞれのデータが平均からどれくらい離れているか」を計算します。これは、平均からの「偏り」の「差」なので、「偏差」と呼ばれます。ここで「偏差の平均」を計算したくなりますが、これは必ず0になってしまいます。なぜなら、

159

平均より小さいデータはマイナス、大きいデータはプラスになり、合計すると必ず 0 になるからです。

そこで、偏差のプラスマイナスをなんらかの方法で消す必要があります。絶対値を使って計算する「平均偏差」という統計指標もありますが、標準偏差の計算では、偏差を 2 乗してマイナスを消します。そして、平均するためにデータ数で割り、最後に「2 乗を元に戻すための平方根」を計算します。

一般にはあまり普及していない標準偏差ですが、学校教員にとっては欠かせない知識です。なぜなら、広く使われている偏差値は平均と標準偏差から計算されるものだからです。標準偏差を理解していないと、偏差値の意味も理解できないことになります。偏差値は、いろいろなテスト成績について、平均を 50 点、標準偏差を 10 点に換算したものです。

$$偏差値 \ = \ 50 \ + \ \frac{測定値 \ - \ 平均}{標準偏差／10}$$

平均がわかれば、自分の成績が良かったのか悪かったのかがわかります。さらに標準偏差がわかれば、「自分の成績が平均より "どのくらい" 良かった（悪かった）のか」がわかるのです。平均から±標準偏差の範囲（偏差値 40～60）ならば、「まあ普通」（理論上、データの 68% はこの範囲内）だとわかります。

3. 相関・回帰

数学と理科の成績のように、2 つの現象の間の関連性を表す統計指標に相関係数 r があります。相関係数は − 1 から ＋ 1 までの数値をとり、「まったく関連がないとき」に 0 となります。プラスマイナスは、関連の方向を示します。一方が大きくなるときもう一方も大きくなる場合はプラス、逆の関係ならばマイナスとなります。相関係数の計算式は複雑ですのでここには示しませんが、Excel の関数計算（CORREL）を使えば、比較的簡単に計算することができます。

相関について、教員が知っておくべき最も重要なことは「**相関関係は**

因果関係ではない」ということです。2つの現象の間に関連があることを知ると、私たちはすぐに「一方がもう一方の原因である」と考えてしまいがちです。しかし、そうした因果関係はどんなに相関関係を調べてもわかりません。

サイコロを2回振ると、小さい目の後には、それより大きい目が出やすい。これも回帰現象である。

相関関係を利用して、一方の値からもう一方の値を推測する場合には回帰係数が用いられます。また、2つの変数間の相関関係を3つ以上の変数に拡大して多変量解析という統計手法が使われることがあります。2つ以上の変数から、もう一つの変数の推測をすることを重回帰分析と言います。しかし、重回帰分析をしても因果関係がわかるわけではありません。

むしろ、回帰に関してぜひ知っておくべき重要なことは、「推測値は平均に回帰する」という回帰現象です。例えば、子の身長は親の身長と高い相関があります。しかし、一方からもう一方の推測値は必ず平均値に近づくのです。平均より背が高い190cmの父親の息子の身長は、それより平均に近い185cmくらいの推測値になります。回帰現象は2つの関連するデータで必ず起こる現象です。試験を2回実施すると、その成績には相関関係があるのが普通です。その際、一方の成績からもう一方の成績を推測すると、推測値は必ず平均に近いものになります。成績が悪かったときに叱ったら次の成績が少しマシになったとしても、それは叱った効果ではなく、統計的な回帰に過ぎないのかもしれません。同様に、成績が良かったので褒めたらば次は成績が下がったという場合も、回帰現象と考えることができます。

4. 統計的検定・信頼区間・有意水準

教育に関わる科学的な研究論文を読むと、「統計的検定の結果、この差は5%水準で有意であることがわかった」というような記述がありま

す。統計的検定というのは、統計学のうち、推測統計学で用いられるものです。

　統計学は記述統計学と推測統計学に分けることができます。採取したデータについて、その平均や標準偏差を計算したりして、「データを要約する」のが記述統計学です。一方、推測統計学は採取したデータから「採取できなかったデータを含むより大きなデータの集まりについて推測する」ためのものです。

　例えば、生徒200人分の成績は、それ自体は「ある中学校のある年度の2年生200人の成績」ですが、そのデータから「その中学校の過去から未来における2年生の成績」を推測することができます。今年の2年生の平均が63.5点、標準偏差12.4だったとしたら、おそらく同じような問題を来年の2年生がやったとしても、同じくらいの平均と標準偏差になるのではないでしょうか。今年の2年生200人のデータでは、女子の平均は65.8だったのに対し、男子の平均は61.2でした。来年の2年生も女子の方が成績が良いだろうと推測できるでしょうか？

　こうした場合に用いられるのが推測統計学です。推測統計学では、採取できたデータの背後により大きなデータの集まり（これを「母集団」と言います）があると想定し、採取できたデータの集まりは「標本（サンプル）」であると考えます。そこで、「ある中学校の2年生の成績、それも過去から未来までを含む"一般的な2年生の成績"」を「母集団」として、実際に手にしている今年の生徒の成績200人分はその「標本」と考えるわけです。

　標本から母集団を推測する際に、その推測の正しさは確率的に表現されます。例えば、「推測される平均値は65点±12点の範囲に95%の確率で入る」という表現をします。この「±12点」を「95%信頼区間」と言います。上述の例で、推測される女子の平均値と男子の平均値の95%信頼区間に重なりがなければ、「男女の成績には差がある」と結論できるでしょう。この場合、「男女差は"統計的に有意である"」と言います。

　逆に考えると、確率的には「5%は推測が外れる危険性」があるとい

うことです。そこで、この危険率 5% を「有意水準」と言います。慣例的に有意水準は 5% が使われていますが、危険率をより小さくして 1% にしたり、さらに小さい 0.1% にしたりすることもあります。このように推測統計学を活用して「男女の成績に差があるかどうか」を調べることを統計的検定と言います。

5. 標本抽出・ランダム化

　推測統計学を使うと「採取した標本から母集団について推測する」ことができます。しかし、どんなデータでも標本として使えるわけではありません。例えば、日本人という「母集団」の平均身長を推測するために、ある高校のバスケット部員を「標本」として調べたのでは、正しい推定ができないことはすぐにわかると思います。バスケット部には「平均的な日本人よりも背の高い人」が多く集まっていることが経験的に知られているからです。

　では、どんな「標本」を使えばいいのでしょうか。それは「ランダム標本抽出（ランダム・サンプリング）」という手続きによって選ばれた標本です。「ランダム」という用語は、「無作為」と翻訳されますが、日本語に直してもわかりにくい概念であることに変わりありません。最もわかりやすい表現は「くじ引きで選ぶ」ということです。例えば、「日本人の平均身長」を推測するために、100 人のデータを標本にしようと考えるなら、「住民基本台帳」からくじ引きで 100 人（なんと「約 100 万人に 1 人」を選ぶことになる！）を選べばいいことになります。ランダム・サンプリングをすれば、背の高い人も低い人も、その中間の人も、全体の縮図となるようなものが選ばれるからです（くじ引きで選べば、「特定の人だけを作為的に選ぶ」ことが避けられます。

163

そこで、こうした選び方を「無作為抽出」と呼ぶわけです）。

　現実には、厳密なランダム・サンプリングを実施するのは困難です。そこで、「たまたま手にしたデータ」であっても、それは「たまたま」手元にあったもので、「くじ引きで選んだようなものだ」と考え、ランダム・サンプリングがなされたとみなすことが普通です。しかし、上述のバスケット部のように「明らかに偏りがある」場合はランダムとはみなされません。それでも、バスケット部員のデータも、全国の「高校のバスケット部員」という母集団の標本とみなすことはできます。

6. 第1種の誤り・第2種の誤り

　統計的検定では、研究によって見出そうとしていた差が「偶然に生じたものにすぎない確率が5％未満」だったら、「この差は"偶然"ではなく、"意"味の"有"る"差"（つまり"有意差"）」であると判断していることになります。これは偶然でも起こりうるわけですから、「5％の確率で判断を誤る」ことでもあります。こうした判断の誤りを「第1種の誤り」と言います。では、もう一つの誤り「第2種の誤り」とは何でしょう。これは「本当は差があるにもかかわらず、"有意差なし"という判断をしてしまう誤り」です。

　表にするとわかりやすくなります。さらにわかりやすくなるように、「裁判での判決」になぞらえてもみました。

統計的検定の誤りの2分類	標本から差があると判断（有意差あり）〔有罪判決〕	標本から差がないと判断（有意差なし）〔無罪判決〕
母集団に差がある〔真犯人である〕	正しい統計的検定〔正しい判決〕	**第2種の誤り**〔罪の見逃し〕
母集団に差がない〔真犯人ではない〕	**第1種の誤り**〔冤罪〕	正しい統計的検定〔正しい判決〕

　統計的検定の場合でも、裁判の場合でも、誤りを犯さないことが望ましいことですが、この2つの誤りの間には「一方を小さくしようとすると、必ずもう一方が大きくなってしまう」というトレードオフの関係

付章 3　教育心理学のための統計用語（EP2）

があります。例えば、いかなる罪も見逃すことがないように「少しでも怪しい場合は"有罪"としてしまう」ことにすれば、〔罪の見逃し〕という誤り（第2種の誤り）は無くなります。しかし、その結果として、「本当は罪を犯していない人までも"有罪"としてしまう」という〔冤罪〕（第1種の誤り）が増えてしまいます。

　裁判においては、〔罪の見逃し〕よりも〔冤罪〕の方が重大な誤りですから、たとえ〔罪の見逃し〕が増えたとしても、〔冤罪〕は皆無になるような判決が求められます。これに対し、心理学や教育学における研究で用いられる統計的な検定では、「5%程度の間違い（第1種の誤り）」を許容することで、第2種の誤りとのバランスをとっているわけです。

引用文献

引用した文献を章ごとに以下に示します。さらに勉強するためにご活用ください。

はじめに

教職課程コアカリキュラムの在り方に関する検討会（2017）『教職課程コアカリキュラム』文部科学省 [http://www.mext.go.jp/component/b_menu/shingi/toushin/__icsFiles/afieldfile/2017/11/27/1398442_1_3.pdf]

第1章

内田昭利・守一雄（2018）『中学生の数学嫌いは本当なのか：証拠に基づく教育のススメ』北大路書房

第2章

安藤寿康（2012）『遺伝子の不都合な真実―すべての能力は遺伝である』ちくま新書

安藤寿康（2016）『日本人の9割が知らない遺伝の真実』SB新書

第3章

藤澤伸介（編著）（2017）『探究！教育心理学の世界』新曜社

羽野ゆつ子・倉盛美穂子・梶井芳明（編著）（2017）『あなたと創る教育心理学』ナカニシヤ出版

櫻井茂男（編著）（2017）『改訂版 たのしく学べる最新教育心理学』図書文化社

第4章

D.カーネマン（2014）『ファスト＆スロー』（村井章子訳）ハヤカワ・ノンフィクション文庫（上下巻）

信原幸弘（2000）『考える脳・考えない脳』講談社現代新書

第6章

Uchida, A., Michael, R., & Mori, K. (2018) An Induced Successful Performance Enhances Student Self-Efficacy and Boosts Academic Achievement. *AERA Open, October-December 2018,*

4(4), 1–9.

[https://journals.sagepub.com/doi/full/10.1177/2332858418806198]

第 7 章

波多野誼余夫・稲垣佳世子（1973）『知的好奇心』中公新書

Kenrick, D. T., Griskevicius, V., Neuberg, S. L., & Schaller, M. (2010) Renovating the Pyramid of Needs: Contemporary Extensions Built Upon Ancient Foundations. *Perspectives on Psychological Science, 5*(3), 292-314.

第 8 章

文部科学省（2015）『学習評価に関する資料』

[http://www.mext.go.jp/b_menu/shingi/chukyo/chukyo3/061/siryo/__icsFiles/afieldfile/2016/02/01/1366444_6_2.pdf]

第 9 章

R. ドーキンス（2018）『利己的な遺伝子』（40 周年記念版：日高敏隆ほか訳）紀伊国屋書店

S. ジェイムズ（2018）『進化倫理学入門』（児玉聡訳）名古屋大学出版会

亀田達也（2017）『モラルの起源』岩波新書

山岸俊男（1999）『安心社会から信頼社会へ』中公新書

第 10 章

安藤寿康（2018）『なぜヒトは学ぶのか』講談社現代新書

付章 1

木下是雄（1981）『理科系の作文技術』中公新書

付章 2

キム・ジョンキュー（2006）『英語を制する「ライティング」』講談社現代新書

あとがき

市川伸一（2011）『学習と教育の心理学（増補版）』岩波書店

守一雄（1992）わが国の最近一年間における教育心理学の研究動向と展望：教授・学習部門「教育心理学の崩壊：教科書の分析から」『教育心理学年報』第 31 巻 89-95

あとがき

　この本を書くきっかけとなったのは、川島一夫学部長に「守先生の『教育心理学』の授業では条件づけも教えていないじゃないか」とお叱りを受けたことでした。私自身は、「大学の授業ではわざわざ学生が教室に来てまでやる必要があることをやり、本を読めばわかることは、各自が自分で学べばいい」と考えていましたので、確かに条件づけも教えていませんでした。しかし、教育学部の他の先生方は、教職課程の他の授業ではどんなことが教えられているかを想定して、それぞれの担当範囲を教えているので、条件づけは当然、教育心理学の授業で教えられていないと困るというわけです。私の授業では、標準的な教育心理学の教科書も使っていませんでしたので、最低限の内容について解説した教科書を指定して、自習のための指針を提供しなければいけなかったことに気づきました。ちょうど、「教職課程コアカリキュラム」が発表されたこともあり、与えられた守備範囲をしっかり守ることを考えて、この教科書を書くことにした次第です。

　以前に、教育心理学の教科書を28冊読み比べ、全体の傾向を調べたことがありました（守1992『教育心理学年報』*31*, 89-95）。今回も、最新の教科書の中から、CiNii Books データベースに多く収録されている「評価が高い」と思われる教科書を数冊読み比べて、参考にさせていただきました。その際に気づいた一番大きな特徴は、「教科書は分担執筆されている」ということでした。これは、教育心理学に限ったことではなく、他の分野の教科書も分担執筆が標準的ですし、小学校から高校までの学校の教科書も裏表紙にずらりと執筆者が並んでいます。

　しかし、この本は私一人で書きました。今回調べた限りでは、一人で書いた教育心理学の教科書は、東京大学市川伸一先生の『学習と教育の心理学』（増補版、岩波書店2011年刊）だけでした。教育心理学の各領域について、それぞれを専門とする研究者が書く分担執筆の方が望ましいように思われるかもしれません。しかし、大学で授業をするのは一人なのですから、結局はその一人がすべての領域についてそれなりの知

あとがき

識を持っていなければならないはずです。また、領域が違っていても、結局はそれぞれが互いに関連しあっているものです。分担執筆ではこうした関連がうまく示せないと思います。一方、一人で書く教科書では、意識的に関連づけをしなくても、自然と同じ著者の視点から統一した書き方ができます。

　この本は、授業以外の自習時間にも私の授業を聞いているような感じになるよう、語りかけるような「ですます体」で書いてみました。これも他の教育心理学の教科書とは違う特徴になっていると思います。その結果、内容がかなり薄くなりましたが、「はじめに」にも書いたように、今は本だけでなく、インターネットで簡単に知識が得られる時代です。「先行オーガナイザー」を用意しておけば、あとは自習で十分なはずなのです。繰り返しになりますが、「学習とは本来主体的にするものなのだ」ということも、今回、この本を書くにあたって、教育心理学を勉強し直した際に再確認できたことでした。読んで面白い本になるようにも心がけました。この本がきっかけになって、教育心理学についてもっと学びたいと考えてもらえたら幸いです。

　研究者としての性格上、オリジナリティを発揮したいという欲求が強く、全部で10の章のそれぞれに私のオリジナルな考えをついつい書き込んでしまうことになりました。同業の教育心理学者の皆様にもぜひお読みいただきたいと考えています。私のオリジナルな考えに対し、ご意見やご批判をいただけたら大変嬉しく思います。

　最後になりましたが、営業のことを考えずに一人で出版ができるのも、松本大学出版会のおかげであり、心から感謝申し上げます。出版会の事務局担当の柄山敏子さんには面倒な事務作業でお世話になりました。柄山さんは不思議なモチベーターで執筆の意欲をかき立ててもくれました。編集の作業には、浜野安則さんにもお手伝いいただきました。綺麗な本に仕上がったことは浜野さんの功績です。ここに記して感謝の意を表します。

　いつものことながら、同業の心理学教員であり、共同研究者でもあり、なによりも人生の伴侶である、妻の秀子には各章の原稿が書き上がるた

169

びに読んでもらい、常に厳しくも的確な批判とアドバイスをしてもらいました。本の執筆中には私が軽い脳梗塞で入院することもあって、いろいろ心配もかけました。人生の最高位の欲求である子育てを共同で行ない、さらに今は、一緒に孫育てができる幸せを感じながら、最大限の感謝を述べたいと思います。ありがとうございました。

　　　　2018 年 12 月 30 日

　　　　　　　　　　　　　　　　　　　　　　　　守　一雄

[おことわり]

　本書に掲載しました心理学者の顔写真など写真 18 点は、Wikimedia Commons のものを使わせていただきました。また、Ausubel など 4 名の心理学者の写真はそれぞれ以下の URL に掲載されていたものを使わせていただきました。あわせてお礼を申し上げます。(The author is grateful to the Wikimedia Commons and the following sites for providing the portraits of great scholars shown in this textbook.)

　　D. Ausubel　https://www.biografiasyvidas.com/biografia/a/ausubel.htm

　　A. Bandura　http://professoralbertbandura.com

　　C. E. Spearman　https://alchetron.com/Charles-Spearman

　　E. Tulving　https://fabbs.org/our_scientists/endel-tulving-phd/

　実は、Zimmerman 先生からはご自身の写真をご提供いただきました。ここに記して感謝申し上げます。(It was a great honor of the author that Prof. Barry Zimmerman kindly provided a portrait personally. The author acknowledges of it with sincere thanks.)

　本書に掲載しましたイラストのうち 11 点は、Web「かわいいフリー素材集 いらすとや」(著作権者：みふねたかし氏) の画像を使わせていただきました。本書だけでなく、授業で使うパワーポイントスライドにも活用させていただいています。あわせて感謝の意を表します。なお、表紙イラストなど本文中のイラスト 24 点は「森まりも」作です。表紙イラストは本書での問題提起の一つとなるもので、イラスト作成にあたって上記「いらすとや」さんのイラストを参考にしています。

索　引

欧字

AI　46
Alpha Go　45, 49
CAI　40
Google 翻訳　49
g 因子　75
IAT　59
if-then ルール　46, 47, 63
IQ　73
KJ 法　62, 63
Lisp　47
nature or nurture　27
NCLB 法　133
Prolog　47
RCT 実験　133
s 因子　75
TIMSS　138
TOEFL　113
Wikipedia Initiative　23

あ

アクティブラーニング　45, 91
新しい学力観　61
アナグラム課題　89
アビトゥーア　104
アメリカ教育研究学会　14, 90
アルゴリズム　64
暗算　66
アンダーアチーバー　78
アンダーマイニング効果　100, 101
安藤寿康　33, 135

い

意見　143, 144
意見文　143
市川伸一　168
一卵性双生児　32
一般的自己効力感　86, 90
遺伝か環境か　26
遺伝的プログラム　33

意味記憶　57
意味ネットワークモデル　57
因果関係　161
因子分析　75
インフォームド・コンセント　134

う

ヴィゴツキー　30
ウェクスラー　73
氏か育ちか　27
ヴント　17

え

エキスパートシステム　47
エピソード記憶　60
エビングハウス　55

お

オーズベル　43
オーバーアチーバー　78
オペラント条件づけ　39, 40

か

回帰係数　161
回帰現象　161
外発的動機づけ　100
科学　16
科学的研究　14
科学的心理学会　14
科挙　104
拡散的思考　62
学習　39
学習原理　40
学習された無力感　91
学力ストップウォッチ　113, 137
学校教育法　130
カーネマン　65
亀田達也　117
ガリレオ　16

川喜田二郎　63
考える力　138
感覚記憶　56
環境プログラム　34
観察学習　85
感情的知能　79
完全習得学習　106
感想　143, 144

き

記憶　55
機械の学習　45
危険率　163
記述統計学　162
キーセンテンス　147
帰属理論　83
木下是雄　144
客観的事実　144
キャッテル　77
教育課程　2
教育技術法則化運動　22
教育基本法　130
教育行政　130
教育心理学　1
教育心理学の父　21
教育心理学の定義　14
教育政策　130
教育測定運動　104
教育測定運動の父　104
教育評価　105
教育目標の分類　106
強化学習　136
教職課程　168
教職課程コアカリキュラム　2, 61, 168

く

偶発記憶　58
公文式　22, 106, 138

け

形成的評価　111
結果予期　91
結晶性知能　77, 135

ゲーム理論　123
原因帰属　83
原因帰属理論　140
言語　53
言語行動論　53
言語習得装置　54
言語性知能　74
言語生得説　54
言語的説得　87
ケンリック　96

こ

好奇心　99
行動遺伝学　31, 77, 135
行動主義　19
行動主義心理学　62
行動療法　41
項目反応理論　114
効力予期　91
国際教育到達度評価学会　137
誤差　158
子育て　96, 170
5段階評価　109
コネクショニズム　49
根拠　151
コントロール可能性　84
コンピュータ科学　52
コンピュータによる教育　40

さ

最後通告ゲーム　125
作業記憶　58, 63
サンプル　162
三論点意見文章法　151

し

自我防衛機制　102
自己意識　60
思考　61
試行錯誤　20
思考発話　62
自己肯定感　86
自己効力感　85, 94, 135

索 引

自己実現　96
自己調整学習　82, 86, 139
自信　86
システム 1　65
システム 2　65
自尊心　86
実験倫理学　123
自伝的記憶　60
ジマーマン　82
社会的学習理論　85
社会的動機　102
重回帰分析　161
就学時健康診断　79
宗教　14
修身　118
囚人のジレンマゲーム　123, 126
収束的思考　62
集団式知能テスト　73
集団準拠評価　114
主観的見解　144
主体的学習　141
主体的な学び　5, 82, 102, 141
主張　151
生涯発達心理学　35
条件づけ　38, 168
条件反射　38
証拠に基づく医学　132
証拠に基づく教育　22, 132
情報処理心理学　52
食欲　94, 95
進化教育学　136
進化心理学　120
人工知能　46, 52, 72
深層学習　136
診断的評価　111
信頼区間　162

す

推測統計学　162
数学検定　138
スキナー　40, 53
鈴木メソッド　22
スタンフォード＝ビネー知能尺度　72
スピアマン　75

せ

正規分布　108, 159
成功経験　88
成熟　27, 28
精神年齢　72
精神分析学　102
性欲　95
生理的情緒的高揚　87
生理的欲求　95
絶対評価　106, 137
先行オーガナイザー　45, 169
潜在記憶　59
潜在連想テスト　59

そ

総括的評価　111
相関関係　161
相関係数　160
創造性　79
相対評価　108, 137
ソーンダイク　20, 104

た

第 1 種の誤り　164
第 2 種の誤り　164
代理経験　87
多因子モデル　79
タキソノミー　106
多重知能　79
達成経験　87
ダートマス会議　52
ターマン　72
多変量解析　161
タルビング　60
短期記憶　56

ち

知識　57
知識欲　99
知的好奇心　99, 135
知能　72, 135
知能指数　73, 108

173

知能テスト　72
中央教育審議会　2
長期記憶　56
貯蔵庫モデル　56
チョムスキー　53

て

ディープブルー　47
ディープラーニング　45, 49, 136
デシ　97
デジャビュ　59
テストの標準化　105
哲学　16
デューイ　105

と

動因　94
動機づけ　100
統計的検定　162
動作性知能　74
統制の位置理論　98
到達度評価　111
道徳　118
ドーキンス　119
ドシャーム　98

な

内発的動機　98
情けは人のためならず　126

に

2因子モデル　79
二重盲検法　133
日本教育心理学会　21
ニュートン　16
ニューラルネットワークモデル　49, 66
二卵性双生児　32
人間怠け者説　99
認知科学　52
認知行動療法　41
認知心理学　44, 52
認知的不協和理論　98, 140

の

信原幸弘　66

は

ハイダー　83
バカロレア　104
波多野誼余夫　99
発見学習　43, 82, 139
発達　25
発達の最近接領域　30
パブロフ　38
バーライン　99
パラグラフ　147
パラグラフ・ライティング　143
ハーロウ　94
バンデューラ　85

ひ

ピアジェ　29
ピグマリオン効果　134
非認知能力　79
ビネー　72
ビネー＝シモン知能尺度　72
ヒューリスティックス　64
評価の学習規定性　138
標準偏差　109, 159
標本　162, 163

ふ

フェスティンガー　98
フォン＝ノイマン　123
プライミング　59
プラシボ効果　133
ブルーナー　43
ブルーム　105
ブレインストーミング　62
プログラム学習　40

へ

平均　108, 159
ヘッブの原理　136

索 引

偏差　159
偏差IQ　108
偏差値　108, 140, 160
偏差知能指数　74

ほ

忘却曲線　56
母集団　162, 163
ホーソン効果　133
保存の概念　29
ホメオスタシス　102

ま

マズロー　95

む

無意味綴り　55
無気力　91
無作為　163
無作為抽出　164
無力感　91

め

メタ記憶　59

も

目標準拠評価　114

や

山岸俊男　125
やる気　94, 140

ゆ

有意差　164
有意水準　163
有意味受容学習　43
誘因　94
優生思想　79

よ

要因の安定性　84
欲求の5段階説　95

ら

ランダム　163
ランダム化比較対照実験　132, 133
ランダム・サンプリング　163
ランダム標本抽出　163

り

利己的遺伝子理論　119
リビドー　102
流動性知能　77, 135
領域固有自己効力感　86, 90
療育プログラム　41

る

ルーブリック評価　112

れ

暦年齢　73
レスポンデント条件づけ　40
レディネス　30

わ

ワイナー　84
ワトソン　18

175

著者紹介

守　一雄（もり・かずお）
1951 年　埼玉県生まれ
1982 年　筑波大学大学院心理学研究科修了（教育学博士）
1982-2007 年　信州大学教育学部講師・助教授・教授
2007-2017 年　東京農工大学大学院工学研究院教授（名誉教授）
2017-現在　松本大学教育学部教授

主要著書

1995 年　『認知心理学』岩波書店
1996 年　『やさしい PDP モデルの話』新曜社
1999 年　『チビクロこころ：中学生高校生のための心理学入門』
　　　　北大路書房（森まりも名で執筆）
2018 年　『中学生の数学嫌いは本当なのか』北大路書房（内田
　　　　昭利と共著）

著者ホームページ　http://www.avis.ne.jp/~uriuri/kaz/

教職課程コアカリキュラムに対応した

教育心理学

2019 年 3 月 28 日　初版第 1 刷発行
2021 年 10 月 20 日　　第 4 刷発行
定価　1,200 円＋税

著　者　守　一雄（松本大学教育学部教授）
発行者　松本大学学長　菅谷　昭
発行所　松本大学出版会
　　　〒391-1295　長野県松本市新村 2095-1
　　　TEL 0263-48-7200（代）　FAX 0263-48-7290
　　　http://www.matsumoto-u.ac.jp
印刷・製本　日本ハイコム株式会社

ⒸMatsumoto University Press 2019　　　　ISBN978-4-902915-25-9